WONDERKIDS

FREUNDE IM LEBEN, RIVALEN AUF DEM PLATZ

TARIK TOSUNOGLU

Impressum

1. Auflage 2022

Kontakt: Tarik Tosunoglu, Karlstraße 27, 61231 Bad Nauheim

ISBN: 978-3-9824597-0-7

FÜR ASMIR

INHALT

Teil 1 - Till wird Profi

Teil 2 - Wiedersehen mit Samir

TEIL 1 - TILL WIRD PROFI

KAPITEL 1

Das erste Mal traf ich Samir auf dem Bolzplatz. Ich konnte ihn nicht so richtig einordnen. War er Türke oder stammte er aus dem arabischen Raum? Zumindest konnte ich googeln, woher der Name stammte: Samir kommt vom arabischen Wort »samara«, was so viel bedeutet wie »plaudern am Abend«. Im übertragenen Sinn bedeutet der Name Samir also »der Unterhalter am Abend«. Der Name passte sehr gut zu ihm, jedoch war er eher der Unterhalter auf dem Fußballplatz, wie es sich später rausstellte. Der Bolzplatz, auf dem ich spielte, war ziemlich klein. Ein Schotterweg führte zum Eingang, dessen Eisentore schon verrostet waren. Der Platz war zum Glück nicht aus Kies oder Steinen, wie es in den großen Städten üblich ist. Rotes Granulat hatte der Erbauer als Belag gewählt. Zwar ist es deutlich angenehmer auf Granulat zu spielen, doch in den Sommermonaten führte es dazu, dass man vermehrt schwitzte. Im Sommer spielten hier viele Kinder, doch mit dem Beginn der

Herbstmonate, konzentrierten sich anscheinend alle wieder auf die digitalen Fußballplätze. Einige Bäume standen am Spielfeldrand und spendeten Schatten, sodass man sich während der Pause abkühlen konnte und nicht in der Sonne sitzen musste.

»Hey, ich bin Samir. Hast du Lust, mit uns zu kicken?«
»Emmhh, hi. Ich warte auf ein paar Kollegen. Vielleicht das nächste Mal.«

Im Grunde wartete ich auf niemanden. Ich war mir nur unsicher, denn ich glaubte nicht, dass ich mit den anderen mithalten konnte. Generell fand ich, dass es mir etwas an fußballerischem Talent fehlte. Doch mein Onkel meinte immer: »Dieser Junge wird einmal Profi. Was ihm an Talent fehlt, macht er mit seinem Kampfgeist wett.« Daher entfernte sich Samir ein Stück und schoss auf das gegenüberliegende Tor des Bolzplatzes. Als Samir dann loslegte, traute ich meinen Augen kaum. Er war einen Kopf kleiner als ich und wog bestimmt nur die Hälfte von mir. Sein Körperbau war beinahe zierlich. Doch mit welcher Wucht er schoss, war unglaublich. Jeder Schuss war präzise und seine Ballführung so eng, wie die von Lionel. Zwar lief er nicht viel, aber bei jedem Antritt sah man seine Power. Ich schoss eine halbe Stunde lang auf das Tor, ohne dass jemand kam. Zum Ausgang musste ich am Tor der anderen Jungs vorbeilaufen, mit denen Samir spielte. Einer von ihnen fragte noch einmal, ob ich mitspielen wollte, doch ich lächelte ihn höflich an und schüttelte den Kopf.

»Meine Mama wartet bestimmt schon auf mich.«

Samir ließ nicht locker und schrie mir lauthals hinterher: »Morgen um 15 Uhr sind wir hier. Komm vorbei.«

Auf dem Weg nachhause dachte ich darüber nach, ob

ich nun hingehen oder doch lieber online zocken sollte. Zwar machte mir Fußball Spaß, aber zugegebenermaßen, gab es nicht viele in meiner Nachbarschaft, die gerne auf dem Bolzplatz spielen wollten. Die meisten Kinder blieben lieber drin und saßen vor dem Fernseher oder dem Computer. Die Online-Plattformen boomten und jeder war hinter Karten her. Hier hatte ich definitiv mehr Kontakte als in der normalen Welt. Anders als draußen warteten hier einige meiner Freunde, dass ich online kam, damit sie mit mir zocken konnten. Wahrscheinlich war meine Kunst auf der Konsole besser als meine Fußballkunst auf dem richtigen Feld. Online war ich unbesiegbar und keiner konnte mir das Wasser reichen. Ich hatte mich entschlossen, ich würde viel lieber Karten ziehen und den Tag vor der Playstation verbringen. Aber das nötige Kleingeld für die Spieler fehlte mir. Also musste ich meine Eltern um Hilfe bitten.

Zu Hause angekommen rief mir meine Mutter zu:

»Till, bist du da?«

»Ja, Mama.«

»Okey, Schatz. Bringst du den Müll bitte kurz raus? Danach gibt es Abendessen.«

»Nice.«

Ich ging raus, um den Müll zu entsorgen. Jede Hilfe, die ich im Haushalt nun übernahm, könnte sich in bare Münze umwandeln. Ich brauchte unbedingt die Karten. Die Mülltonnen befanden sich in einem kleinen Häuschen, welches sich neben dem Wohnhaus befand. Es bestand nur aus Holz und sah eher so aus, als würde es in den Garten gehören. Genau in dem Moment, als ich den Deckel der Mülltonne anhob, sah ich Samir und seine zwei Freunde vom Bolzplatz. Sie gingen locker, lässig die schmale Straße entlang, welche hier und da mit Autos zugeparkt war und spielten fangen. Mal lief der eine, mal der andere los und rief »fang mich«. Ich stand wie angewurzelt da und hielt die Mülltonne offen, obwohl ich den Abfall schon längst entsorgt hatte.

Es machte mir Spaß zuzusehen wie lässig sie alles nahmen. Keiner von ihnen hatte die Absicht zu fangen, auch keiner nicht gefangen zu werden.

Samir erkannte mich aus der Ferne und winkte mir zu. Ich wusste nicht genau wie ich mich verhalten sollte und hob kurz meine Augenbrauen und meinen Kopf an, drehte mich um und lief wieder ins Haus. Schon zum zweiten Mal an diesem Tag benahm ich mich wie einer, der bislang keinen Kontakt zu Menschen hatte. Was war mit mir los?

»Till, was machst du da draußen so lange? Komm bitte rein!«

»Alles klar, mache ich.«

Ich versuchte, mich von meiner Sahneseite zu zeigen, denn ich musste Karten ziehen, damit ich morgen nach der Schule etwas zu tun hatte.

Als wir uns an den Tisch setzten, fragte mein Vater, wie die Schule war.

»Super. Wir haben heute die Hauptstädte aller afrikanischen Länder gelernt.«

»Okay, was ist die Hauptstadt des Sudan?«

Ich versuchte mich zu konzentrieren, denn eine richtige Antwort zu der Frage könnte der Schlüssel zu den Karten sein. Doch leider fiel mir der Name der Stadt nicht ein. Ich wusste ganz genau, dass wir es heute im Unterricht hatten.

»Na, da hat wohl jemand nicht aufgepasst.«

»Doch, doch, ich weiß es. Eine Sekunde noch.«

»Khartum«, löste mein Vater auf. Ich machte mir nichts

daraus und stellte das ganze Abendessen über interessante Fragen an meine Eltern.

»Mama, warst du gut in Mathe?«

Oder: »Papa, warst du schon mal in Amerika?«

Doch die Antworten interessierten mich nicht. Ich nickte einfach nur, um Interesse vorzutäuschen. An dieser Stelle sollte auch gesagt werden, dass ich mit meinen zwölf Jahren kaum in der Lage war, Menschen zu manipulieren. Aber dennoch würde ich für die Karten wahrscheinlich die dümmsten Dinge tun.

»Till, was ist los mit dir?«, fragte mich meine Mutter mit einem ernsten, unverständlichen Gesichtsausdruck.

»Nichts, was sollte denn sein?«

»Du stellst uns seit einer halben Stunde Fragen, als wären wir im Kreuzverhör bei der Polizei.«

»Nee, nee, alles gut.«

»Junge, na sag schon, was brauchst du?«

Mein Vater war nicht der Mensch, der gerne diskutierte. Bei ihm ging alles schnurstracks gerade. Also traute ich mich, da mein Spiel aufgeflogen war.

»Ich wollte fragen, ob ich neue Spielerkarten für das Onlinespiel bekommen könnte.«

Die Antwort kam schneller als das schnellste Tor der Fußballgeschichte. Denn dieses wurde innerhalb von 2,8 Sekunden nach dem Anpfiff erzielt. Die Antwortzeit meiner Mutter schätzte ich auf ungefähr 0,3 Millisekunden. Und jede Antwort, die schnell und impulsiv kam, war keine gute Antwort.

»Nein, Till, ich möchte auch keine Diskussionen!«

Der nächste Morgen war ein Mittwoch. Früh stand ich auf, schnappte mir die Frühstücksdose, die in der Küche für mich bereitstand und verstaute sie in meiner Tasche. Da die Schule nur wenige Straßen entfernt war, musste ich hinlaufen. Der gestrige Abend war aus meiner Sicht eine Katastrophe. Ich wollte unbedingt nach der Schule zocken. Aber wie sollte es gehen? Immer mit den gleichen Spielern zu spielen ist schon etwas langweilig und hey, die Konkurrenz wird auch immer besser. Also dachte ich einen kurzen Augenblick da dran, ob ich nicht doch lieber den echten Fußball vorziehen sollte. Samir hatte mich zum Kicken eingeladen, also könnte ich dorthin. Immerhin wäre es ein besserer Zeitvertreib als zu Hause mit meiner langweiligen Mannschaft online zu zocken. Doch wie würde es denn rüberkommen. »Hi, ich bin Till, ich habe zwar gestern gesagt, dass ich auf Leute wartete, doch es kam keiner. Aus diesem Grund bin ich heute zur besagten Uhrzeit erschienen.« Wahrscheinlich würden die Jungs denken »was für ein Loser«. Und wieso hatte ich überhaupt gelogen? Die Schule war auch nicht so richtig mein Ding. Zwar fand ich die Leute ganz cool, aber der Unterricht langweilte mich sehr.

»Hallo, Till, aufwachen. Wie lautet die Lösung der Aufgabe?«

»Ich denke mal, die Lösung lautet 35.«

»Jedes Mal, wenn ich dich nach einer Aufgabe frage, hast du die richtige Antwort. Aber wo bist du die ganze Zeit mit dem Kopf?«,

fragte mich Frau Wagner, meine Klassenlehrerin. Dabei sah sie mich ein wenig verwirrt an. Ich antwortete nicht und sie fuhr weiter mit dem Unterricht fort. Auf jeden Fall war ich in Gedanken voll auf dem Bolzplatz. Oder sollte ich doch lieber etwas online zocken? Aktuell gab es ja gute Karten, die man ziehen konnte. Aber mir fiel immer wieder ein, dass es mir meine Mutter untersagt hatte. Zumindest für eine Weile. Ich war mir nicht sicher und folgte weiterhin dem Unterricht.

Um vierzehn Uhr kam ich nach Hause und setzte ich mich erst einmal vor die Playstation, da sowieso niemand da war. Nach ein paar Runden online mit Paul wurde mir aber langweilig und ich dachte daran, auf den Bolzplatz zu gehen.

»Hey Paul, hast du Lust etwas kicken zu gehen?«

»Also Till, ich habe mir eben neue Karten gezogen. Rate mal, wen ich bekommen habe? Gonzaleeeeeez!«

Er schrie, als hätte er gerade das Tor im Endspiel des Europapokals der Champions gemacht. Paul war also nicht dabei, so wie fast jeder andere, den ich fragen konnte. Daher ersparte ich es mir, weiterhin vergeblich nach Leuten zu suchen.

Ich schaute auf die Uhr, es war 14:38 Uhr. Unschlüssig zog ich meine Fußballklamotten an und machte mich auf den Weg, während ich meiner Mama schrieb, dass ich Fußball spielen gehen würde und joggte den ganzen Weg dahin. Als ich auf dem Bolzplatz ankam, war keiner da. Wir hatten 15:10 Uhr. Also dachte ich daran, direkt wieder nachhause zu gehen. Doch ehe ich mich umdrehen konnte, kamen Samir und seine zwei Freunde mit guter Laune über den Weg angelaufen. Sie hielten den Ball hoch und spielten ihn sich gegenseitig zu. Als sie mich sahen, rief einer aus der Gruppe:

»Hey, was geht ab!«

und spielte mir den Ball zu. Ich versuchte, ihn mit einem kläglichen Versuch anzunehmen, doch er rollte in den Busch. Yassine fragte mich:

»Hi, hast du heute Lust mit uns zu kicken? Wir brauchen eine vierte Person, damit wir unser Spiel spielen können.«

»Emmhh, ja klar. Warum nicht? Was für ein Spiel?«

»Geil!« rief Jana und strahlte dabei. »Wirst du schon lernen.«

Samir wollte wissen: »Wie heißt du eigentlich?«

»Till. Ich heiße Till.«

Und so legten wir los.

KAPITEL 2

Die Auslosung des Halbfinales des DVF-Pokals schaute ich mir in der Kabine mit den Jungs an. Einer von ihnen stellte das Smartphone auf die Bank, sodass neben mir weitere Spieler das Geschehnis live verfolgen konnten. Unsere erste Mannschaft, der FC Buntwald, zog mit der SpVgg Blau-Weiß ein, vergleichsweise einfaches Los. Die SpVgg spielte in der 1. Liga und war neben uns, die in der 2. Liga spielten, die Überraschung im Halbfinale. Da sie auf dem letzten Platz der Tabelle standen, spielten sie um den Abstieg.

Weil wir der unteren Klasse angehörten, sollte das Spiel vor heimischem Publikum ausgetragen werden. Folglich blieben für das andere Halbfinale der FC Borussia Nürnburg und der deutsche Meister FK München übrig. FK München, als amtierender Meister, hatte somit seinen engsten Verfolger schon im Halbfinale zu Gast. Welches Halbfinale wohl die meisten Zuschauer vor den Fernseher locken würde, lag auf der Hand. Jedoch als Spieler der U23 war es für mich Pflicht, die erste Mannschaft bei den Spielen auf der Tribüne zu unterstützen.

»Jo, Till, dein Freund hat das schwierigere Los gezogen«, wurde ich gerufen, als ich mich umzog.

Dann blieb ich jedoch stehen und drehte mich in die Richtung, aus der die Stimme kam.

»Aber wir haben seit vier Jahren keinen Kontakt mehr.«

»Na und, ihr seid zusammen aufgewachsen. Trotzdem seid ihr Freunde.«

»Irgendwann trennen sich die Wege.«

»Wäre doch mal schön, gegeneinander zu spielen, oder? Du als Abwehrspieler gegen Samir. Das wär's.«

»Wäre klasse, doch ich spiele hier mit der U23 in der Regionalliga. Ich glaube kaum, dass sich in dieser Saison was daran ändern wird.«

»Vielleicht gewinnt die erste ja und du wirst nachnominiert? Immerhin gehörst du zu den zweikampfstärksten Spielern der Liga.«

»Wer weiß.«

Ich wollte nicht allzu sehr darauf eingehen. Es stimmte, dass ich die beste Zweikampfquote in der gesamten Regionalliga hatte, aber bislang hatte ich kein Angebt für eine Vertragsverlängerung bekommen. Auch wenn mir der Gedanke gefiel, einmal für die erste Mannschaft zu spielen, mochte ich dem kaum Glauben schenken und schon gar nicht im Finale des DVF-Pokals gegen Samir. Wortlos trocknete ich mich ab und zog mich um. Dann verabschiedete mich von den Jungs und ging in die Richtung des Parkplatzes. Dort sah ich, wie der sportliche Leiter der Profimannschaft, heftig mit den Händen gestikulierend, mit meinem Trainer sprach.

Was die wohl wieder miteinander zu diskutieren hatten? Es wäre nicht das erste Mal, dass sie sich stritten.

Auf der Fahrt nachhause fiel mir ein, dass ich noch ein paar Besorgungen erledigen musste. Ich ging in Joy's Supermarkt, wo Lea arbeitete. Dieser befand sich nur wenige Straßen von meiner Wohnung entfernt.

»Hey, Till!«, begrüßte sie mich mit guter Laune.

»Hi, Lea. Wie geht es dir?«

»Ganz gut. Arbeite gerade viel. Du weißt ja, Semesterferien und so. Und wie ist es bei dir? Lange nichts gehört.«

»Soweit alles cool«, erwiderte ich knapp.«

Smalltalk gehörte definitiv nicht zu meinen Stärken.

»Und wie läuft der Fußball? Sag mal, das wollte ich dich schon immer fragen: Verdienst du damit Geld?«

»Ja, ist zwar nicht viel, was man in der Regionalliga bekommt, aber für das Leben reicht es allemal.«

»Ich wünschte, ich wäre auch Fußballerin geworden.

»Hat seine Vor- und Nachteile.«

»Schau mal, ich arbeite hier den ganzen Tag und du hast dein Hobby zum Beruf gemacht. Ich glaube, dass es kaum was Schöneres geben kann. Du machst im Prinzip immer das, was du magst.«

»Stimmt, aber dafür muss ich immer topfit sein und Höchstleistung bringen. Meistens gehe ich früh schlafen und viel Zeit mit den Freunden verbringen ist auch nicht drin. Ein Fehler kann zu einem Gegentor oder im schlimmsten Fall zu einer Niederlage führen.«

»Da hast du recht. Das macht dann 28,50 Euro bitte. Mit Karte oder bar?«

Ich merkte, dass Lea keine Ahnung davon hatte, was ich ihr erzählen wollte. Sie fand es schön, dass ich dem nachging, was mir Spaß bereitete. Jedoch nicht wusste sie nicht, wie anstrengend es im Grunde war.

»Mit Karte bitte.«

»Brauchst du einen Beleg?«

»Nein, danke. Schönen Abend noch, Ciao.«

»Ciao Till. Hättest du Lust, mit uns am Wochenende auf das Festival im Wald zu gehen?«

»Ich kann leider nicht, habe ein Spiel.«

Lea und ich waren seit der Oberstufe ziemlich gut befreundet. Wir haben auch zusammen den Abschluss gemacht. Anschließend ging sie für ein Jahr nach Australien und seitdem studiert sie Kunst an der Hochschule. In den Semesterferien kommt sie immer wieder nach Buntwald und jobbt nebenbei bei Joy's. Es hat zwischen uns schon immer etwas geknistert, doch irgendwie blieb es bei der Freundschaft.

Als ich endlich Zuhause war, waren alle Besorgungen erledigt und ich kam nach einem langen und anstrengenden Tag endlich zur Ruhe. Per Videocall rief mein Vater an, nachdem ich mich auf das Sofa gesetzt hatte. Dazu schob ich den Laptop auf dem Tisch so hin, dass man mich besser erkennen konnte und ich ihn auch sehen konnte. Um den Raum etwas zu erhellen, hatte ich die Stehlampe neben mir eingeschaltet. Der nächtliche Videocall war immer ein festes Ritual, seitdem er gemeinsam mit Mama die Welt besegelte.

»Hallo Sohn, wie geht es dir?«

»Papa, warum nennst du mich immer Sohn und nicht einfach Till?«

»Ganz einfach, weil du mein Sohn bist«, erwiderte er lachend. »Sag mal, was ist die Hauptstadt von Indonesien?«

Er hatte es sich zur Aufgabe gemacht, mich ständig nach Hauptstädten zu fragen. Dank ihm konnte ich schon mit dreizehn Jahren die Hauptstädte der US-amerikanischen Bundesstaaten aufsagen.

»Jakarta. Sag mal, ist Mama bei dir?«, erkundigte ich mich und wechselte damit das Thema.

»Hey hey hey, du wirst ja langsam wirklich gut, mein Freund. Klar doch, warte. Sandra, kommst du mal bitte? Unser Sohn ist am Telefon.«

»Hi Till. Wie geht es dir, mein Schatz? Ich habe dich so vermisst.«

Meine Mutter hörte sich wie immer erleichtert darüber an, mit mir zu sprechen.

»Super Mama, wie geht es dir? Hab dich auch vermisst. Wo seid ihr gerade?«

»Wir befinden uns an der ägäischen Küste vor Griechenland, alles ist so ...«, begann sie, doch ich hörte nicht mehr richtig zu.

In dem Moment vibrierte mein Telefon. Mein Trainer Bernd rief an. Doch da wusste ich noch nicht, dass dieser Anruf mein Leben verändern würde.

KAPITEL 3

Das erste Jahr der Freundschaft mit Samir hatte es in sich. Samir, Yassine, Jana und ich waren unzertrennlich. Den Sommer verbrachten wir fast die ganze Zeit im Freien. Der Bolzplatz war unser zweites zu Hause geworden. Keiner von uns wollte mehr vor der Glotze sitzen und online zocken. Mit einem realen Spiel war das Spielen eines Videospieles nicht vergleichbar. Anstatt Fußballspieler auf Karten zu ziehen, benannten wir uns alle nach unserem Lieblingsspieler. Wir wollten wirkliche Fußballer werden. Wir glaubten daran, irgendwann einmal für den FK München zu spielen. Der FK München war der amtierende deutsche Meister und jeder von uns hätte alles dafür getan, für sie spielen zu dürfen. In den Ferien spielten wir tagsüber auf dem Bolzplatz und nachmittags gab es zweimal in der Woche Training im Verein. Jana und Yassine waren zwar nicht im Verein, dennoch hatten sie ein ordentliches Potenzial und wollten auch Profi werden. Der Grund dafür, dass Jana nicht im Verein spielte, war, dass sie abends auf ihre Geschwister aufpassen musste. Ihre Mutter war alleinerziehend und ging nachmittags noch einem zweiten Job nach, damit sie genug Geld hatten. Niemand konnte es ihr übelnehmen. Yassine war der Typ, der immer sagte »nächste Woche komme ich auch«, aber nie kam. Irgendwann ließen wir es sein, ihn überreden zu wollen. Wir wussten einfach, er würde nie kommen. Lieber verbrachte er seine freie Zeit nachmittags vor dem Computer, um irgendwelche Hip-Hop Beats aufzunehmen. Wenn wir ihn danach fragten, antwortete er immer: »Ihr werdet es sehen, irgendwann werde ich die Beats für Rapper machen.« Wir winkten ab und lachten: »Ja klar, das wirst du.« Stattdessen unterstellten wir ihm, dass er zu faul war.

Samir und ich wollten kicken, am besten 24 Stunden am Tag. Und obwohl wir die meiste Zeit des Tages draußen verbrachten, hatten wir das Gefühl, die Zeit reichte nicht aus. Eines Tages schlug Samir vor, Hochhalten zu spielen. Jana und Yassine stritten sich darum, ob das Spiel mit Abschießen oder ohne ablaufen sollte. Yassine wollte unbedingt kein Abschießen am Ende haben.

»Ey, Leute, kein Abschießen bitte. Mein Hintern tut danach immer so weh.«

Jana rief in seine Richtung: »Haha, weil man deinen Hintern nicht verfehlen kann.«

Hochhalten war ein Spiel, bei dem zunächst einer ins Tor gehen musste, der ausgelost wurde. Anschließend musste man den Ball mit dem Kopf über die Linie bringen. Die Regel war jedoch, dass der köpfende Spieler hoch angespielt werden musste. Ich hatte das Spiel, bis ich die Drei kennengelernt hatte, nie gespielt. Durch meine Größe hatte ich allerdings einen erheblichen Vorteil beim Köpfen.

Samir hingegen war klein und technisch sehr stark, sodass er bei diesem Spiel mit maßgeschneiderten Vorlagen glänzte und auch kein Risiko einging. Denn würde man einen Schuss verfehlen, das heißt der Torhüter fängt den Ball oder er geht ins Aus, müsste man stattdessen ins Tor gehen. Ich köpfte, was das Zeug hielt und ging jedes Risiko ein.

»Junge, pass mal auf! Was köpfst du so hart?«, ertönte die Stimme von Jana, die im Tor stand.

»Haha, na Jana, bin anscheinend nicht der Einzige, der keinen Bock auf Arschbolzen hat.« Yassine machte sich lustig über Jana, da sie ihm zuvor das Abschießen angedroht hatte.

»Digger, guck mal wie der köpft. Ich kann noch nicht mal so hart schießen.«

Für mich waren Janas Worte wie Musik in meinen Ohren. Ich fühlte mich geehrt, dass sie mich so stark einschätzte.

»Chillt mal, Leute. Er ist einfach kopfballstark. Ihr solltet auch öfter mal köpfen.«

Samir versuchte die beiden zu beschwichtigen und ging dazwischen, bevor sie sich weiter streiten konnten. Noch in der gleichen Sekunde gab mir Samir nach seiner Ansage, die nächste hervorragende Vorlage und ich köpfte den Ball in den Winkel.

»Ich habe einfach keine Lust mehr.«

Jana war nun wirklich der Verzweiflung nahe. Das war natürlich Futter für Yassine, der Jana unbedingt rauskicken wollte.

»Du hast eh nur noch einen Punkt. Hast ja schon vier kassiert und fliegst gleich raus.«

Yassine schien über diese Tatsache amüsiert zu sein.

»Und danach weißt du, was es gibt.«

Jetzt war Yassine gar nicht mehr zu beruhigen. Er lachte und grinste schelmisch nur noch in Janas Richtung. Die Euphorie schwappte auf ihn über und er übernahm das Ruder.

»So, Jungs, jetzt spielt ihr mir erst mal eine geile Flanke, damit ich die Dame im Tor nachhause schicken kann. Unter uns gibt es Menschen, die noch ein bisschen lernen müssen, wie das Spiel gespielt wird. Und heute wird die Lektion durch mich erteilt.«

Yassine war einer, dem man wirklich nichts übelnehmen konnte. Er konnte so frech sein, wie er wollte, aber sein Ton hatte immer gestimmt. Alles, was er machte, war einfach nur witzig. Samir spielte eine lockere Flanke auf

Yassine, während die Sonne auf uns herunter schien. Dieser sprang zwar hoch, aber zwischen seinen Füßen und dem Boden hätte wohl kaum eine Zeitung gepasst. Obwohl der Ball fast nur noch ins Tor kullerte, konnte Jana ihn nicht fassen, da sie schon aufgegeben hatte. Yassine rannte laut jubelnd über den Bolzplatz und zog sein Trikot aus. Um ehrlich zu sein, war er nicht besonders sportlich, was man ihm auch ansah, aber witzig war es allemal. Als er fast fünf Runden hinter sich hatte, schaute er Jana an.

»So Leute, die Loser gehen jetzt bitte ins Tor, denn der beste Kicker in Buntwald möchte den entscheidenden Elfmeter machen.«

Jana stellte sich im Tor auf wie Manuel Neuer zu seinen besten Zeiten. Ein Außenstehender hätte bei ihrem Auftreten denken können, dass sie ein Profitorwart war. Die Statur hatte sie auf jeden Fall, da sie jeden Abend vor dem Schlafengehen 50 Liegestütze machte. Yassine legte den Ball vor seine Füße und nahm einige Schritte Anlauf zum entscheidenden Schuss. Seine Augen waren extrem fokussiert auf Jana. Sie hatte schon damit abgeschlossen, irgendwie noch im Spiel bleiben zu können. Yassine lief an und gerade in dem Moment, als er schießen wollte, rutschte er aus und fiel unsanft auf seinen Hintern. Kurzzeitig hatten wir sogar das Gefühl, dass der Boden etwas gebebt hatte. Der Anblick sorgte dafür, dass wir uns vor Lachen nicht halten konnten. Jana rannte zu ihm, um ihm zu helfen. Doch sie legte sich in dem Moment auch auf die Schnauze, da sie sich vor Lachen nicht mehr halten konnte. Fünf Minuten später erholten wir uns allmählich von der Komödie und saßen im Kreis. Das Spiel interessierte kaum noch jemanden. Samir sprach mich an.

»Till, du hast dich schon sehr gut entwickelt.«

Er hatte recht, das Kopfballspiel konnte ich nun.

»Danke. Alleine hätte ich es kaum geschafft. Gerade in der Zeit mit euch habe ich mich weiterentwickeln können.«

»Yes, aber ich meine es wirklich ernst. Ich kenne kaum jemanden in unserem Alter, der so stark köpfen kann.«

»Da hat er recht, Till. Du bist ein wirkliches Kopfball-Ungeheuer geworden«, warf Yassine ein.

Samir wollte unbedingt, dass ich diese Stärke ausnutzte. »Wieso versuchst du es nicht als Abwehrspieler? Ich meine, es gibt so viele Mittelfeldspieler, aber du könntest mit deiner Kopfballstärke ein hervorragender Verteidiger werden.« Jana sah es ähnlich.

»Ich bin auch Samirs Meinung, Till. Du bist nicht nur kopfballstark, sondern auch extrem gut im Zweikampf.«

Samir fackelte bei solchen Angelegenheiten nicht lange und wollte es direkt in bare Münze umwandeln. Nachdem ich einige Sekunden darüber nachgedacht hatte, stimmte ich den Dreien zu. Samir schlug vor, es unserer Trainerin zu erzählen.

»Lass uns das Heike mal vor dem nächsten Spiel vorschlagen. Vielleicht ist sie ja auch unserer Meinung.«

Bis zu diesem Zeitpunkt war ich ein Mittelfeldspieler. Doch wie es Samir angekündigt hatte, ging er im nächsten Training zu unserem Coach, Heike, und erzählte ihr von der Idee, mich als Verteidiger spielen zu lassen. Samir hatte nicht nur das fußballerische Talent, sondern auch eine Begabung dafür, die Stärken seiner Mitspieler zu erkennen. Fortan spielte ich als Verteidiger und fühlte mich richtig wohl in meiner Rolle.

KAPITEL 4

Als ich das Telefon auflegte, musste ich erst einmal tief Luft holen und meine Gedanken sortieren, um die Nachrichten zu verarbeiten, die ich gerade bekommen hatte. Doch auch nach einigen Sekunden war ich noch immer sehr aufgewühlt und glaubte meinen Ohren kaum. Ich musste mich eindeutig verhört haben. In meinem Kopf spielte ich das Gespräch immer wieder von Anfang bis zum Ende durch. Es war wie in einem Traum. Alles war so unrealistisch. Ich hoffte, dass mich keiner wecken musste, denn ich wollte nicht, dass dieser Traum jemals aufhörte. In dem Moment klingelte mein Telefon noch einmal und für einen Moment befürchtete ich, aus dem Traum gerissen zu werden. Doch es war Mama, die mich per Videocall wieder anrief.

»Till, du hast so schnell aufgelegt. Was ist los?«

»Bernd hat mich eben angerufen. Ich musste rangehen.«

»Es ist doch nichts Schlimmes passiert, oder?«

»Nein, Mama, ganz im Gegenteil. Ist Papa auch da? Ich

möchte, dass er es auch erfährt.«

Die Stimme meines Vaters ertönte im Hintergrund: »Ich bin hier, mein Sohn, und höre dir zu.«

»Also, mein Trainer Bernd war eben in der Leitung. Er hatte heute ein Gespräch mit dem sportlichen Leiter der Profis. Aktuell gibt es viele Verletzte bei ihnen. Davon unter anderem auch zwei verletzte Innenverteidiger. Da die Transferperiode zu Ende ist, können sie keinen Spieler mehr verpflichten. Deswegen möchte der Trainer, Joachim Glock, mich in den Kader der ersten Mannschaft holen.«

Mama schrie plötzlich begeistert auf und Papa konnte sich kaum halten vor Freude. Zwar waren beide glücklich, aber keiner von ihnen konnte das, was ich ihnen erzählte, so richtig einordnen und das Ausmaß dieser Entscheidung erkennen. Ich hatte ihnen in letzter Zeit nicht viel von dem erzählt, was ich da machte, da mir kein neuer Vertrag angeboten wurde. Ich fand die Situation, in der ich mich bis heute befand, sehr schwer und wollte meine Familie damit nicht belasten. Da sie sich sowieso im Ausland aufhielten, konnte ich die Sache gut überspielen. Ich wechselte einfach jedes Mal das Thema, wenn sie darauf zu sprechen kamen. Nun betrachteten mich beide aber mit erwartungsvollen Augen. Auf diese Weise zeigten sie mir, dass sie eindeutig mehr darüber wissen wollten. Und vor allem machten sie mir so klar, dass sie erst dann nachgeben würden, wenn sie mehr erfahren hatten.

»Wie lange denn? Bis die Spieler wieder da sind?«

Die Worte schossen nur so aus meiner Mutter heraus. Dabei konnte ich die Aufregung ganz genau in ihrer Stimme erkennen.

»Also nein, es soll nicht nur für eine kurze Zeit sein. Ich

soll die restliche Saison, bis mein Vertrag endet, in der ersten Mannschaft spielen. Bernd hat mich im Gespräch schon mal darauf vorbereitet, dass ich im Pokal-Halbfinale mit im Kader sein werde. Und das Spiel ist schon morgen.«

»Oh, Till, das sind hervorragende Neuigkeiten. Du wirst in der ersten Mannschaft mitmischen. Aber warum ist das Spiel denn schon morgen?«, freute sich mein Vater.

»Ich bin zwar dabei, werde aber wohl keine Einsatzzeit bekommen, sondern gehe als vierter Innenverteidiger mit zu den Spielen. Wir spielen nur mit zwei Innenverteidigern. Also, es müssten schon zwei weitere ausfallen, damit ich Einsatzzeit bekomme. Die Begegnungen wurden heute noch einmal neu ausgelost, da es bei der letzten Auslosung zu einer Panne kam. Da bis zum Saisonende kaum noch Zeit ist, will der DVF, dass die Vereine so schnell wie möglich das Halbfinale spielen.«

»Das macht doch nichts, mein Sohn. Hauptsache, du bist dabei und sammelst Erfahrung. Wir werden dich vor dem Fernseher anfeuern. Und ich erzähl das der ganzen Crew und Passagieren auf dem Schiff, dass du morgen mitspielst. Das wird ein Spaß.« Mein Vater klatschte begeistert in die Hände.

»Papa, häng es doch nicht so an die große Glocke. Ich bin zwar dabei, aber außer dem Aufwärmen wird man nicht viel sehen von mir.«

Er übernahm das Smartphone. Meine Mutter stellte sich hinter ihn und hörte gespannt zu.

»Sohn, du weißt, dass wir dir beigebracht haben, deine eigenen Entscheidungen zu treffen. Bis zu diesem Tag hast du das auch sehr gut gemacht und heute ist der Tag, an dem die Summe deiner Entscheidungen zu diesem Erfolg geführt haben. Du weißt auch, dass diese Nominierung nicht aus heiterem Himmel gekommen ist oder weil dich der sportliche Leiter gut leiden kann. Nein, der Grund dafür ist die Summe deiner richtigen Entscheidungen, harte Arbeit und Fleiß. Lass deine Lust am Spielen nicht von der Angst zu versagen besiegen. Aus diesem Grund gehst du morgen Fußball spielen und machst deine Mutter und mich stolz. Auch, wenn es nur für ein paar Spiele sein wird. Lass es uns gemeinsam genießen.«

Er drehte sich um und erkundigte sich bei meiner Mutter, die in dem Moment kurz vor den Tränen stand, ob sie denn wisse, wann es Essen gäbe. So war er halt. Die meiste Zeit ruhig, gelassen und einen guten Sinn für Humor hatte er auch. Auch, wenn man es von ihm nicht erwartete, wusste er genau, wann der richtige Moment war, etwas von sich zu geben. Und seine Worte trafen mich jedes Mal mit voller Wucht. Sie gaben mir Motivation und Antrieb. Wir beendeten das Gespräch und ich musste das, was die letzten Stunden passiert war, Revue passieren lassen. Also, ich stand im Kader der ersten Mannschaft gegen SpVgg Blau-Weiß im Pokal-Halbfinale und sollte die restliche Saison in der ersten Mannschaft in der zweiten Liga spielen. Jedes Mal, wenn ich daran dachte, gingen mir tausend Gedanken durch den Kopf. Eine Mischung aus Freude und Demut wäre die richtige Bezeichnung dafür. Freude am Spielen und Demut vor dem Spiel. So langsam begriff ich es und mir wurde auch klar, warum mich das alles so ergriff. Es bestand eine Chance auf ein Wiedersehen mit Samir nach so langer Zeit. Dieses Mal jedoch nicht als Mitspieler, sondern als Gegner.

KAPITEL 5

Die erste gemeinsame Saison mit Samir verlief sehr gut. Wir führten die Tabelle an und hatten reichlich Abstand zu unseren Verfolgern, sodass wir uns keine Sorgen machen mussten. Samir glänzte in dieser Saison. Er spielte auf Linksaußen im Dreier-Sturm. Seine Finten und Dribblings waren unnachahmlich. Dribbelstarken Spielern fehlte es meistens an der Präzision im Abschluss, doch Samir blieb vor dem Tor kaltschnäuzig. Wir wurden im ersten Jahr zusammen Meister der Kreisliga und stiegen in die Bezirksliga auf. Hier erwarteten uns bessere Gegner, die allesamt einen guten Kader besaßen. Doch auch hier wussten wir uns zu beweisen.

Sowohl Samir als auch ich machten einen großen Sprung nach vorne und verbesserten unsere Fähigkeiten. Wir wurden von Tag zu Tag besser, sodass die ersten Angebote namhafter Vereine für ihn eintrudelten. Für mich reichte es allerdings nicht ganz, sodass man mir nicht die gleichen Verträge anbot. Wir hatten zwar den Traum, Profifußballer zu werden, doch nahmen wir die Angebote nicht zu ernst. Sie waren verbunden mit weiten Fahrten oder einem Umzug in eine andere Stadt. Die gemeinsame Zeit, sowohl auf dem Fußballplatz als auch draußen mit Yassine und Jana, wollten wir um nichts in der Welt eintauschen. So war sehr früh klar, dass wir die Saison so zu Ende spielten. Unsere Mannschaft war gut eingespielt und wir spielten so gut, dass wir das Finale des Landespokals erreichten und auf den Bundesligisten Adler Frankfurt trafen.

Die Adler waren bekannt für ihre gute Jugendakademie, aus denen sehr viele der damaligen Profispieler hervorgingen. Wir hatten uns wochenlang auf die Begegnung gefreut und waren bereit, uns mit den besten zu messen. Das Spiel fand vor einem ausverkauften Stadion statt. Zum ersten Mal hatte ich das Gefühl, überfordert zu sein. Die Stürmer der Adler waren nicht nur schnell, sie waren uns in allen Belangen überlegen. Wir kämpften die ersten Minuten sehr hart, um kein Tor zu kassieren.

Doch kurz vor der Pause kassierten wir das 1:0. Zu diesem Zeitpunkt gingen wir fast unter. Kaum ein Spieler unserer Mannschaft hatte noch Kraft. Wir waren mit der gesamten Situation überfordert, müde und ausgelaugt. Bis auf Samir. Zwar ließ er sich auch etwas zurückfallen, aber jedes Mal, wenn er den Ball bekam, schaffte er es, ein paar Gegner auszuspielen. Jedoch fehlte ihm die nötige Unterstützung von uns. Die Fans hatten es auch erkannt und sogar einige der Adler Fans applaudierten Samir lautstark. Nach den ersten fünfundvierzig Minuten gingen wir mit dem Stand von 1:0 in die Pause. Wir konnten uns mit dem Ergebnis glücklich schätzen, da wir wussten, dass die gegnerische Mannschaft einfach besser war. In der Halbzeitpause hätten wir von Heike für eine solche Leistung eine Standpauke erhalten. Doch sie wusste, dass wir gegen eine der besten Mannschaften Deutschlands spielten.

»So Leute hinsetzen und zuhören. Das Spiel hat wie erwartet angefangen, die Adler besitzen fast zu 80 % den Ball und wir kommen aus der eigenen Hälfte kaum raus. In der Summe ist dieses Ergebnis auch vollkommen in Ordnung und wir können uns glücklich schätzen, dass wir nicht mehr Tore kassiert haben. Wir haben die letzten vergangenen zwei Jahre hervorragenden Fußball gespielt und den Gegner in den meisten Spielen weitestgehend dominiert. Doch heute stehen wir vor der Aufgabe zu verteidigen. Es wird bis zur Hälfte der zweiten Halbzeit genauso weiter gehen. Schont eure Kräfte, verteidigt mit Herz und gleichzeitig auch Verstand. Aber wirklich nur bis zur Hälfte der zweiten Halbzeit. Auch wenn es die beste Mannschaft der Welt wäre, irgendwann lassen auch bei denen die Kräfte nach. Ab da werden wir wie folgt spielen. Samir, du wirst dich bis zu diesem Zeitpunkt nur in der eigenen Hälfte befinden und nur der Verteidigung helfen. Im Anschluss werde ich dich ganz nach vorne stellen, sodass dich Till mit langen Pässen füttern wird.«

Alle nickten und erklärten sich einverstanden mit dem Plan. Schnell tranken wir noch und lockerten unsere verspannten Muskeln. Dann gingen wir wieder hinaus auf den Platz und nahmen unsere Plätze ein.

Die zweite Halbzeit begann und es ging weiter mit dem Dauerdruck der Adler. Wir schafften es kaum, uns aus der eigenen Hälfte zu befreien. Nur wenn wir den Ball ins Aus klärten, hatten wir die Gelegenheit Luft zu schnappen. Wir machten uns nichts daraus, sondern vertrauten Heikes Worten, die immer wieder mit ihrer Spielprognose recht behielt. Auch dieses Mal.

Zur Hälfte der restlichen Spielzeit merkte ich, dass der Druck nicht mehr so hoch war. Die Aktionen der Adler wurden immer nachlässiger und sie schienen sich nicht mehr so gut zu konzentrieren. Es schlichen sich Fehlpässe und Nachlässigkeiten in ihr Spiel ein. Auf Heikes Anweisung ging Samir als einzige Spitze nach vorne. So bekamen wir dann unsere erste Chance im gesamten Spiel.

Wir befanden uns in der 52. Minute. Paul eroberte den Ball mit einer Monstergrätsche kurz vor unserem Strafraum. Er spielte den Ball auf den linksstehenden Murat. Murat leitete den Ball direkt in die Tiefe zwischen zwei Verteidiger. Samir rannte los. Ich glaube, ich habe ihn noch nie so schnell rennen gesehen. Er überholte zwei Spieler der gegnerischen Mannschaft und tauchte über links in die Tiefe hinter die Verteidiger.

Gerade in dem Moment, als er den Ball mit einem starken rechten Schuss in die lange Ecke schlenzen wollte, wurde er von hinten mit einer Grätsche des Innenverteidigers der Adler zum Fall gebracht. Der Schiedsrichter ließ weiterspielen und so löste sich unsere erste Chance in Luft auf. Samir stand auf und ich sah die Entschlossenheit in seinen Augen. Wir wussten, es ist möglich, ein Tor gegen die Adler zu schießen. Nach dieser Aktion kamen die Adler ins Schwanken und überraschenderweise schafften wir es, uns aus der eigenen Hälfte zu befreien. Eine fast gelungene Aktion hatte uns so viel Kraft gegeben, dass wir nun am Drücker waren. Das Spiel lief weiter. Nach einer Ecke der Adler kam Samir zu mir und flüsterte:

»Egal was ist, du spielst mir den Ball zu. Ob lang oder

kurz. Spiel ihn schnell in meine Richtung, wenn du ihn eroberst.«

Ich nickte und stellte mich in den Strafraum zu dem größten Verteidiger der Adler, der noch einen Kopf größer war als ich. Die Ecke wurde ausgeführt, kein Spieler kam an den Ball und er landete in meiner Nähe. Ich sah zu Samir hinüber, der in den Startlöchern stand. Er täuschte einen Sprint vor und bot sich kurz an. So hatte er die zwei Verteidiger ins Leere laufen lassen. Ich spielte ihm den Ball flach zu. Er war in Höhe der Mittellinie, als Samir den Ball bekam und gegen zwei Gegenspieler durchkommen musste. Wir waren alle so müde, dass kaum einer in der Lage war, ihn zu unterstützen. Er nahm den Ball mit der rechten Außenseite seines Fußes an und tunnelte mit der Annahme den ersten Gegenspieler. Dieser rannte ihm direkt hinterher. Samir rannte mit dem Ball am Fuß gegen den nächsten Verteidiger an. Der Verteidiger positionierte sich und wartete auf die Gelegenheit, Samir zu attackieren. In dem Moment zündete Samir den Turbo und rannte mit voller Geschwindigkeit auf den Gegner zu. In Höhe des Straframes machte er einen Haken und der Verteidiger brachte ihn zu Fall.

Der Schiedsrichter griff direkt zu Pfeife! Strafstoß! Unfassbar, wir hatten es geschafft, bei solch einem Dauerdruck. In dem Moment ging ein Adler-Spieler auf Samir los und hielt ihn am Hals fest. Er unterstellte ihm eine Schwalbe. Ich rannte nach vorne, um beide auseinander zu halten. Samir riss sich los und schubste den Gegner von sich. Ich nahm Samir beiseite und versuchte, ihn zu beruhigen. Anschließend rief der Schiedsrichter beide zu sich. Er zeigte dem Adler-Spieler die Rote- und Samir die Gelbe Karte! Die Fans jubelten und in uns keimte wieder Hoffnung auf. Doch wir durften uns nicht zu früh freuen, denn der Elfer musste erst verwandelt werden. Im Fußball heißt es, dass der Gefoulte nie selbst schießen soll, doch Samir interessierten solche Fußballmythen nicht. Er trat selbst an und verwandelte den Elfer eiskalt, flach in die rechte Ecke.

Nun war es so weit. Wir hatten in der 68. Minute das 1:1 erzielt und hofften, in die Verlängerung zu gehen. Die Überzahl-Situation verschaffte uns einen Vorteil. Im Grunde waren wir dadurch, dass die Adler einen Spieler weniger hatte, in einer ausgeglichenen Situation. Der Schiedsrichter pfiff wieder an. Der Ball rollte und wir gingen sofort ins Pressing über. In diesen Minuten waren wir wie ausgewechselt. Es schien so, als hätte die gesamte Mannschaft einen Energieschub bekommen. Das Spiel war bis in die Nachspielzeit, geprägt von Zweikämpfen und Fouls. Keine Mannschaft ließ die andere ins Spiel kommen. Wir schauten immer wieder auf unserer Trainerin, die uns andeutete, ruhig zu spielen und weiterhin gut zu verteidigen. Wir waren mit dem Unentschieden zufrieden. Doch in dem Moment bekamen wir wieder den Ball. Eine gute Kombination ließ uns bis in das gegnerische Feld stürmen. Der Ball kam zu Murat, der von links außen etwas schräg vom Sechzehner flanken wollte. Ein Adler-Spieler foulte ihn.

Es war die letzte Minute der Verlängerung. Heike wandte sich an mich: »Geh nach vorne in den Sechzehner zum Kopfball.« Ich hörte auf ihre Anweisung. Im Strafraum gab es heftiges Getümmel, alle zogen und schubsten sich gegenseitig. Keiner wollte als Verlierer vom Platz gehen. Samir trat an und deutete mir an, den kurzen Pfosten anzupeilen. Diese Situation hatten wir schon beim Hochhalten bestimmt hundertmal geübt. Er nahm Anlauf und in dem

Moment sprintete ich in die Richtung des kurzen Pfostens in der Erwartung, den Ball ins Tor zu köpfen. Es gibt Momente im Fußball, in denen Stars geboren werden. Dieser Moment war die Geburt Samirs. Er täuschte eine Flanke an, sodass zwei Spieler und der Torwart auf die kurze Ecke spekulierten. Mit einem unglaublichen Schuss gab er dem Ball zunächst einen steilen Anstieg, der sich im Laufe des Fluges extrem senkte. Wir waren alle wie erstarrt, während wir zusahen, und beobachteten nur noch, wie der Ball hinter dem regungslosen Torwart hinunterfiel. Er hatte einen Topspin geschafft. TOR! Abpfiff!

Wir jubelten und feierten, rannten wie wild geworden Samir hinterher, der schon in Heikes Richtung lief. Wir versammelten uns zu einem Haufen und keiner wusste mehr, wo ihm der Kopf stand.

KAPITEL 6

Die Nachricht, dass ich im DVF-Pokal Halbfinale im Kader stand, wühlte mich so sehr auf, dass ich kaum noch klar denken konnte. Es war wie in der Kindheit, als ich mich freute, mit meinen Jungs auf den Bolzplatz zu gehen. Doch dieses Mal sollte ich auf einem riesigen Bolzplatz spielen. Genauer gesagt auf einem Bolzplatz, der 62.000 Zuschauer beherbergen konnte, die alle jubelten. Bislang war ich in diesem Stadion nur zur Unterstützung der ersten Mannschaft gewesen. Der FC Buntwald war vor drei Jahren aus der 1. Liga abgestiegen. Er galt als Traditionsverein und spielte, bis zum Abstieg, seit der Gründung als einzige Mannschaft in der obersten Klasse mit. Der Abstieg traf den Verein hart, sodass etliche Sponsoren dem Verein den Rücken kehrten. In der zweiten Liga spielte man im Mittelfeld und die Hoffnung auf einen Aufstieg schwanden von Jahr zu Jahr immer mehr. Dieses Jahr stand der Verein zwar nicht so schlecht dar, doch zu einem Relegationsplatz fehlten zehn Punkte, bei zehn

Spielen, die noch zu bestreiten waren. Angesichts der Tatsache, dass es im Verein aktuell nur noch einen erfahrenen Innenverteidiger gab, der spielen konnte, war der Aufstieg eher unwahrscheinlich. Gerade zum Saisonende waren erfahrene Spieler oft die Schlüsselfigur im Verein. Der Grund dafür ist einfach. Ich hatte bislang nicht in der zweiten Liga gespielt, aber ein erfahrener Spieler hatte etwa zehn Jahre im Profibereich gekickt. Das bedeutete, dass der Spieler die gleichen oder ähnliche Situationen zehnmal häufiger als ich erlebt hatte. Erfahrung bedeutete nicht, dass ein Spieler im Fernsehen als erfahren bezeichnet wurde aufgrund seiner langjährigen Spieldauer. Erfahrene Spieler hatten eines gleich, sie konnten schon gewisse Sachen erahnen, bevor sie geschahen. Ob auf dem Fußballfeld oder darum herum. Aus diesem Grund hielt die Presse es für unwahrscheinlich, dass wir aufsteigen könnten.

Da ich quasi ein Niemand war, machte ich mir aus der Situation nicht viel. Ich bereitete mich zu Hause auf das Spiel vor. Noch einmal alles checken und ja nichts vergessen. Vor den Spielen schaltete ich mein Handy schon zu Hause aus, um mich voll und ganz auf das Spiel zu fokussieren. Ein letzter Blick auf die Nachrichten verriet mir, dass Lea mir geschrieben hatte.

»Hey Till, ich wünsche die heute viel Glück und drücke dir die Daumen. Zeig's ihnen!«

Die Nachricht motivierte mich zusätzlich und gab mir Antrieb, Gas zu geben. Denn das stand eindeutig in den Sternen. Man konnte nie wissen, was geschehen würde und das war auch dieses Mal so. Ich machte mich mit dem Auto auf in Richtung Trainingsgelände, wo wir mit dem Bus zum Stadion fuhren. Bislang hatte ich weder bei der ersten Mannschaft trainiert, noch mich vorgestellt. Als ich am Trainingsgelände ankam, wartete mein Trainer, Bernd, schon auf dem Parkplatz auf mich. »Till, schön, dass du pünktlich da bist. Ich dachte mir, ich begleitete dich ein Stück bis zum Foyer.« Gemeinsam setzten wir uns in Bewegungen. Bernd erzählte mir, wie ich mich am besten auf das Spiel konzentrieren sollte und was ich tun sollte, falls ich eingewechselt werden würde. Ich hörte aufmerksam zu, zumindest versuchte ich es. Im Augenblick konnte ich die ganze Situation nicht genau realisieren. Es kam mir noch immer vor, als würde ich mich in einem Traum befinden. Nachdem wir unser Ziel erreicht hatten, verabschiedete er sich von mir.

»Du wirst es schaffen! Heute ist dein Tag, ich zähle auf dich«, erklärte er und sprach mir damit Mut zu. Bernd führte mich zum sportlichen Leiter, der uns schon zuwinkte. Er stand neben einer Bank und hielt sein Handy in der Hand. Doch als er mich sah, ließ er es in seiner Hosentasche verschwinden und lächelte mich an.

»Hi Till, großer Tag heute, was?«

»Danke für Ihr Vertrauen.«

»Du kannst mich ruhig duzen.«

Er lachte und war total unbekümmert.

»Also Till, du warst als vierter Innenverteidiger vorgesehen. Leider ist unser Ersatzmann wegen Grippe ausgefallen. Bleib das gesamte Spiel über fokussiert. Es ist gar nicht unwahrscheinlich, dass du spielst.«

Okay, die Lage wurde immer ernster. Mich ergriff von jetzt auf gleich die Anspannung, die ich in den letzten Stunden gut ignorieren konnte. Zwar freute ich mich sehr, dabei zu sein, doch es blieb immer noch eine Ungewissheit. Die Ungewissheit darüber, ob es reichen oder ob ich mich bei meinem Profidebüt bis auf die Knochen blamieren würde. Ich erinnerte mich an die Worte meines Vaters: »Lass deine Lust zum Spielen nicht von der Angst zu Versagen besiegen.« Genau das tat ich. Einfach fokussiert bleiben. Die Anspannung akzeptieren. Ich war immer noch auf dem Vereinsgelände und das Spiel hatte nicht begonnen. Also gab es erst einmal keinen Grund, sich weiter hineinzusteigern. Aber so langsam realisierte ich das gesamte Ausmaß der Geschehnisse.

Der sportliche Leiter und Bernd redeten munter weiter und beachteten mich nicht. Aus der Ferne sah ich jemanden in unsere Richtung kommen. Es dauerte nicht lange, bis ich erkannte, dass es der Trainer der Profis war: Joachim Glock. Er war einer der renommiertesten Trainer seiner Zeit und auch heute noch, gewann mit FC Hutson Rovers die englische Meisterschaft und den Europapokal der Champions. Zum Ende seiner Karriere kam er als Trainer wieder in seine Heimatstadt Buntwald zurück, um dem Verein mit seiner Erfahrung zu helfen. Es sollte seine letzte Station als Trainer sein. Als Jugendlicher spielte er in Buntwald und schaffte es auch in den Kader der 1. Liga. Über Glock gibt es auch heute noch viele Berichte, da er zu dem Kader der glorreichen Nationalmannschaft im Jahre 1996 gehörte. Leider verbuchte er in der EM, die Deutschland gewann, nur einen Einsatz über 20 Minuten. Seine Verletzungsanfälligkeit ließ eine große Karriere nicht zu. In den Listen im Internet oder TV-Shows über Talente, die es nie geschafft haben, landet er immer auf Platz 1. Die große Karriere, die ihm als Fußballer vorausgesagt wurde, hatte er bedauerlicherweise nie erfüllen können. Eine Verletzung ließ ihn jahrelang leiden. Anschließend hängte er mit 29 Jahren die Fußballschuhe an den Nagel. Sein letztes Interview, bevor er in »Rente« ging, war sehr direkt, wie man es von ihm schon damals kannte. »Ich konnte nie ohne Schmerzen spielen. Was würden Sie tun, wenn Sie bei der Arbeit Schmerzen hätten? Richtig, Sie würden zum Arzt gehen und genau die gleichen Ärzte rieten mir, die Schuhe an den Nagel zu hängen und das werde ich jetzt auch tun. Ich möchte noch laufen und mit meinen Kindern spielen können.

Der Fußball ist und bleibt die schönste Nebensache der Welt.« Für seine mutige Entscheidung bekam er allen Voraussagen zum Trotz sehr viel Zustimmung von den Fans. Für ein paar Jahre hörte man nichts von ihm. Es gab Gerüchte, dass er sich im Keller mit Analysten eingeschlossen hätte, um das Fußballspiel neu zu erfinden. Er entwickelte in den Zeiten des Rückzugs neue Taktiken und machte seine Trainerlizenz. Anschließend ging er als Co-Trainer zu den Rovers und revolutionierte das Fußballspiel auf der gesamten Welt.

»Mitkommen!«

Glock deutete mit dem Finger auf mich. Ich kam mir vor, als würde mich ein Lehrer wegen schlechten Verhaltens zum Rektor führen. Nicht daran interessiert, mit mir zu reden, ging er immer einen Schritt voraus. Doch ich sagte auch nichts, als ich ihm folgte. Wir gingen geradewegs in sein Büro. Überall standen Pokale und Auszeichnungen. Seine Sammlung war wahrscheinlich größer als die des FC Buntwald.

»Ich weiß, es sind viele Pokale, eigentlich wollte ich sie gar nicht hier haben, doch meine Frau besteht darauf. Und wenn Frauen etwas wollen, musst du es tun. Wie dem auch sei. Wie fühlst du dich?«

Er lächelte dabei. Die Art und Weise, wie er mit mir sprach, war total unbekümmert. Ich hatte mir die Sache ganz anders vorgestellt. Auf jeden Fall war es viel angenehmer als in meiner Vorstellung.

»Ich bin etwas aufgeregt, um ehrlich zu sein. Aber sonst geht es mir gut.«

»Das solltest du auch. Es wäre ein Problem, wenn es nicht so wäre. Also gut, kommen wir direkt zur Sache. Wie du sicherlich schon mitbekommen hast, ist ein weiterer Innenverteidiger ausgefallen. Du wirst heute der 3. Innenverteidiger sein. Montero hat Probleme mit dem Oberschenkel. Solange er allerdings laufen kann, wird er spielen. Neben ihm spielt als einziger erfahrener Innenverteidiger Werner. Falls Montero wieder Probleme bekommen sollte, wirst du eingewechselt.«

»Okay.« Mehr fiel mir vor Anspannung nicht ein.

»Wir haben lange überlegt und sind zu dem Schluss gekommen, dass wir dich mitnehmen. Es wird auch kein anderer Spieler einer anderen Position eingesetzt. Du wirst es machen! Und weißt du auch, warum?«

Mit einem abwartenden Gesichtsausdruck sah er mich an, während er sich in seinem Stuhl zurücklehnte. Ich hingegen konnte nicht verhindern, dass ich mich ein wenig auf meinem Stuhl anspannte, nachdem ich mich ebenfalls gesetzt hatte.

»Um ehrlich zu sein, nein«, antwortete ich dann.

»Wir beobachten dich seit Anfang der Saison. Du hast dich sehr gut entwickelt. Die anfängliche Schwäche im Stellungsspiel wird von Tag zu Tag besser. Außerdem schätzen wir deine Stärke bei hohen Bällen. An deiner Ausdauer kannst du noch arbeiten, aber das kommt mit den Jahren.«

Dass meine Nominierung aufgrund von Spielermangel erfolgte, war kein Geheimnis. Doch ich wusste nicht, dass ich seit Jahren durch ein Scouting Team der ersten Mannschaft beobachtet wurde. Und ehrlich gesagt überraschte mich das ein wenig.

»Gibt es noch Fragen deinerseits?«

»Wieso haben Sie mich gewählt? Ich habe mich in der Tat weiterentwickelt, doch gibt es Spieler aus der zweiten, die es genauso verdient hätten. Obendrein kennen Sie mich doch kaum. Der Einer oder Andere hat schon immerhin mit den Profis trainiert.«

»Okay, machen wir es kurz. Du hast zwischen dem 10. und 14. Lebensjahr in Kronenstadt gekickt. Anschließend bist du für ein Jahr zu den Kickers. Mit 16 bist du zum FC Buntwald gekommen. Seitdem spielst du hier. Dein Spiel weist eine Zweikampfquote von 74 % auf und das seit zwei Jahren. Nur zum Vergleich, der aktuell beste Erstligaverteidiger hat eine Zweikampfquote von 69 %. Du bist Kopfballstark. 88 % der hohen Bälle gewinnst du. Deine Passquote liegt bei 72 %, was definitiv besser werden kann. Wahrscheinlich erhältst du diese Informationen heute zum ersten Mal.«

Er schaute mich an. Meine Blicke wanderten auf dem Fußboden hin und her. Es war für mich sehr überraschend, dass Glock über meinen Fußball so viel wusste.

»Und jetzt gehst du zu deinen Teamkollegen und stellst dich vor.«

Ein letztes Mal atmete ich noch tief durch, ehe ich wieder aufstand. Dann verabschiedete ich mich von ihm und verließ das Büro.

Im Foyer angekommen musterten mich einige Spieler

ziemlich neugierig. Ich fühlte ihre Blicke, die auf mich gerichtet waren. Der sportliche Leiter kam auf uns zu und wies uns an, die Truppe solle sich zum Bus bewegen. »Till, du sitzt neben Werner im Bus. Das haben wir so entschieden, damit ihr euch besser kennenlernt.«

Werner war der Boss in der Mannschaft und hatte schon den Europapokal der Champions gewonnen. Neben jemandem zu sitzen, den ich gestern noch online als Karte gezogen hatte, erweckte in mir wieder dieses Gefühl, dass alles ein Traum war. Schweigend setzte mich ich neben Werner, als der Bus Fahrt Richtung Stadion aufnahm. Werner war vertieft in sein Smartphone. Er hatte Kopfhörer auf und wollte anscheinend in Ruhe gelassen werden. Mir war es recht. Was hätte ich auch mit so einem Athleten sprechen sollen? »Hi Werner, wusstest du schon, dass du letztes Jahr eine Gesamtstärke von 84 in hattest und dieses Jahr nur 78?« Ich glaube kaum, dass ihn seine online-Statistiken interessierten. Kurz vor dem Stadion entdeckte ich eine Rauchwolke in der Ferne. Brannte es? Als wir näher heranfuhren, sah ich, wie eine riesige Masse von Menschen sich hüpfend und singend auf unsere Ankunft freute. Der Bus fuhr weiter und die Fans verteilten sich rund um den Bus. Wir fuhren langsamer. Hexenkessel war wohl das richtige Wort. Die Zuschauer waren heiß auf das Spiel.

Kurz vor Beginn der Partie rief mich Glock wieder zu sich und erklärte mir, ich sollte auf der Hut sein. Montero hätte wieder Probleme mit dem Oberschenkel.

»Junge, sei bereit, ich glaube kaum, dass Montero durchspielen kann.«

Ich nickte und verschwand, um mit dem restlichen Team auf das Feld zu gehen. Es war gigantisch, vor dieser Menge an Zuschauern zu stehen. Alle jubelten uns zu und konnten es kaum erwarten, bis endlich der Startschuss fiel.

Die erste Hälfte des Spieles war allerdings ein Desaster für uns. Die SpVgg war uns haushoch überlegen. Die Verteidigung schwamm und wir hatten keine Aktionen in der gegnerischen Hälfte. Wir konnten uns glücklich schätzen, bis dahin kein Tor kassiert zu haben. Kurz vor Ende der ersten Hälfte passierte es dann.

Der gegnerische Stürmer Valdez setzte zum Sprint an. Montero folgte ihm bis zur Grundlinie und drängte ihn mit dem Ball ins Aus. Kurz danach fing er an zu humpeln und fasste sich an die hintere Seite des linken Oberschenkels. Er schaute zu Glock und deutete mit den Händen einen Wechsel an. Der Co-Trainer lief in meine Richtung. »Till, mach dich bereit, dein Einsatz.« Wow, so früh eingewechselt zu werden, hatte ich nicht erwartet. Ich zog mich schnell um. Er deutete an, dass der Wechsel zur Pause stattfinden soll. Ich war gespannt und aufgeregt. Ein bewusster Blick auf die Tribünen nahm mir jedoch die Angst. Die Angst davor zu verlieren. Ich bekam so richtig Lust zu gewinnen und machte mich warm. Beim Warmmachen ergriff mich immer wieder der Anblick der Tribüne. Dieses Stadion war gigantisch und obendrein noch ausverkauft. In ein paar Minuten würden mir 72.000 Menschen zuschauen. In mir kam Demut auf. Egal wie sehr ich angespannt war, diese Menschen in den Rängen waren unseretwegen da. Auch meinetwegen! Der Gedanke gefiel mir. Ich wollte für die Fans spielen.

Nach der Pause kamen die Mannschaften auf das Feld. Der Co-Trainer wies mich noch einmal in meine Aufgaben ein. Ich hörte zu, aber nahm kaum noch etwas auf. Es war, als wären Zeit und Raum stehengeblieben. Ich war im Flow.

Nichts interessierte mich mehr. Doch dann wies er mich an:

»Du wirst Valdez decken. Zwar bist du nicht der schnellste, doch schneller als Werner. Versuch an ihm zu kleben. Sollte er einmal durch sein, wirst du kaum hinterherkommen. Lass es nicht zu!«

Als der Schiedsrichter die zweite Hälfte anpfiff, ging ein Raunen durch das Stadion und die SpVgg Blau-Weiß legte wieder los. Fünfzehn Minuten lang kämpften wir gegen den Dauerdruck an. Werner, der ruhig und leise im Bus gewesen war, war wie verwandelt. Durch seine Erfahrung hielt er die ganze Mannschaft im Spiel.

»Hinter dir, Schieben oder Behaupten.«

Alle Anweisungen waren kurz und knapp, doch brachten sie seine ganze Erfahrung aus den Europapokaljahren in unser Spiel. Er war Kritiker und Motivator zugleich und hatte gleichzeitig eine Ruhe am Ball, die ich bis dahin nie gesehen hatte. Jede Situation versuchte er spielerisch zu lösen und die Zweikämpfe musste er kaum angehen, da er immer einen Schritt schneller war. Wenn man mich heute fragt, von welchem Spieler ich am meisten gelernt habe, dann ist es definitiv Werner.

»Junge, auf geht's, bleib dran. Wir müssen die Kiste sauber halten.«

Ich nickte zu allem, was er von sich gab, ohne darüber nachzudenken. Es war wie Hausaufgaben erledigen, aber mit einem Nachhilfelehrer, der der Beste war. Ich wusste intuitiv, dass seine Anweisungen richtig waren. Gegen Mitte der zweiten Hälfte wurde der Druck seitens SpVgg immer größer und Valdez ließ sich mehr und mehr ins Mittelfeld fallen. Ich sollte eng an ihm kleben. Werner ermahnte mich mehrmals, die Kette zu halten.

»Lass ihn gehen. Konzentriere dich auf die Kette. Er versucht dich mitzuziehen, damit der Flügelstürmer in deinen Rücken fallen kann. Mach weiter. Gleich werden die keine Kraft mehr haben.«

Irgendwie erinnerten mich seine Worte an das Adler-Spiel aus der Jugendzeit mit Samir. In dem Moment ging mir ein Licht auf. Zwar war es nur ein Jugendspiel, doch war es auch eine Erfahrung, die mir in der Situation weiterhalf. Mit jeder Minute gewann ich mehr Mut. Ich kam langsam auch in direkte Zweikämpfe mit Valdez, die ich allesamt gut abwehren konnte. Ich klebte an ihm wie ein ungewollter Kaugummi am Schuh. Er müsste schon mehr unternehmen, um mich abzuschütteln. Zum Ende des Spiels ließen die Kräfte der SpVgg nach und Valdez ließ sich immer häufiger zurückfallen, da er kaum noch Aktionen starten konnte. In einer Unterbrechung kam Werner zu mir.

»Der Coach meint, du bist kopfballstark. Bei der nächsten Standardsituation will ich dich vorne sehen.« Ich nickte abermals und fragte, wer für mich hinten bliebe. Er antwortete: »Ich bleibe. Es ist sicherer! Lieber kein Tor kassieren, als einen Konter zu riskieren.«

Normalerweise war Werner bei den Standards immer vorne, doch dieses Mal ließ er mir den Vortritt. Und so kam es in der 86. Minute zu einer Ecke. Ungläubig lief ich nach vorne, die Blicke kurz zu Glock gerichtet, der mir mit verschränkten Armen vor der Brust zunickte. Die Ecke kam von rechts und wurde von dem Linksfuß Pavlov ausgeführt. Die Gegner klebten aneinander.

Ich entschied mich kurz zu laufen. Als Pavlov die Ecke ausführte, riss ich mich von meinem Gegenspieler los, machte einen Bogen um das Getümmel im 5-Meter-Raum und rannte an den kurzen Pfosten. Ich sprang zum Kopfball hoch und in dem Moment fühlte ich es schon. Nun war ich da, ich war angekommen. Es ergab alles einen Sinn. Die Kindheit, die Gegenwart und die Zukunft. Es lag alles in meiner Hand.

KAPITEL 7

Die letzte Saison mit Samir zusammen war in der C-Jugend. Auch in diesem Jahr spielten wir in der Bezirksklasse, aber einige Mannschaften waren bereits an Samir interessiert. Ob nun Internat oder Fußballschule, es stand ihm alles zur Auswahl. Adler Frankfurt wollte Samir nach seiner Glanzleistung im Pokal-Finale unbedingt unter Vertrag nehmen. Er ließ sich mit der Wahl jedoch Zeit. Wenn wir uns trafen, sprachen wir oft darüber, wie es wohl wäre, wenn wir beide in der 1. Liga spielen würden.

»Bei welcher Mannschaft würdest du am liebsten spielen, Samir?«, erkundigte ich mich eines Tages bei ihm.

»Was für eine Frage. Natürlich beim FK München.«

»Ich meine, jetzt in der Jugend«, erwiderte ich lachend.

»Ich weiß nicht. Adler Frankfurt will mich zwar unbedingt haben, aber ich möchte hier nur weg, wenn es der FK München ist.«

»Aber hier zu bleiben, ergibt keinen Sinn. Du musst besser werden. Dann hast du auch eine Chance, Profi zu werden. Das wolltest du doch immer.«

»Du hast recht. Hier zu bleiben, ergibt keinen Sinn. Meine zweite Wahl wäre dann die SpVgg Blau-weiß oder Bochum.«

»Warum Bochum?«

»Sie haben eine der besten Jugendakademien in Deutschland und spielen jedes Jahr um die Meisterschaft.«

»Oh, okay, das wusste ich nicht«, murmelte ich.

»Bochum ist auch nicht so weit weg wie München.«

Er lächelte und wollte damit andeuten, dass er seine Familie vermissen würde, wenn er nicht mehr in der Nähe war. Auf dem Weg zum Training sprachen wir über Gott und die Welt, dabei jonglierten wir immer wieder mit dem Ball auf dem Asphalt. Unsere Rucksäcke waren schwer, doch das hielt uns nicht davon ab, die Anzahl der Berührungen, ohne den Ball herunterfallen zu lassen, zu zählen. Heike war schon, wie immer, als erstes auf dem Platz. Sie stellte Hütchen für die Spielformen auf und sah sich dann alles noch einmal ganz genau an. Sie war immer konzentriert und wollte das Beste aus uns herausholen.

»Ah, Jungs, da seid ihr ja.«

»Hi Heike.«

»Na, wie geht es euch? Habt ihr euch gut erholt?«

»Mir geht es super«, grinste Samir. Er war immer noch stolz auf seine Leistung gegen die Adler. Wir unterhielten uns über das Pokalfinale. Heike stellte uns ein paar Fragen über das Spiel. Wir sollten unsere Sichtweise erklären. Als wir dann fortfuhren, erklärte Heike ein paar Anekdoten aus seiner eigenen Vergangenheit als Spielerin. Samir fing an, auf seinem Handy herumzuspielen, sodass Heike sich erkundigte, was er da mache. Samir erklärte, dass er nach dem Spiel gegen die Adler ein paar Follower dazubekommen hätte. Daraufhin wollte Heike wissen, was es für einen Vorteil für ihn hätte oder für seinen Fußball.

»Ich habe jetzt mehr Follower. Meine Bekanntheit steigt.«

»Samir, ich verstehe dich. Aber was werden die steigenden Followerzahlen deinem Fußballspiel bringen?«

»Ich kann Storys posten, die mehr Menschen sehen.« Noch während des Gesprächs mit Heike drehte sich Samir voller Freude in meine Richtung.

»Guck mal, Till. Einer hat mein Freistoß aufgenommen. Das Tor hat 325.000 Aufrufe. Geil, oder?«

Ich nickte und sah dabei zu, wie Samir sich, seine Tore und das Spiel gegen die Adler bejubelte. Indes stellte Heike weiter die Hütchen auf. Samir verkündete, dass er schon mal in die Kabine gehen wollte, ich hingegen blieb noch auf dem Platz. Ich dachte über Samir nach und über sein ungewöhnliches Verhalten in letzter Zeit. Zwar waren nur ein paar Tage nach dem Adler-Sieg vergangen, aber seitdem erzählte er, wie viele Follower er hätte, und schickte mir die neuen Kommentare zu seinem Tor. Anfangs dachte ich mir nichts dabei, doch nachdem es Heike angesprochen hatte, verstand ich es. Ich war so tief in Gedanken versunken, dass ich nur am Rande mitbekam, wie Heike mich zu sich rief und mich aufforderte, ihr beim Aufstellen der Hütchen helfen.

»Weißt du, was das Sprichwort ›Hochmut kommt vor dem Fall‹ bedeutet?«

»Nein, nicht genau.«

»Selbstüberschätzung und Arroganz führen zum Scheitern.«

»Meinst du, Samir wird scheitern?«

»Mir ist es gleich, ob jemand scheitert oder erfolgreich wird. Darauf kommt es nicht an. Es geht darum, dass man etwas aus Überzeugung und Liebe macht. Man sollte Dinge nicht nur wegen der Belohnung tun.«

Ich versuchte, sie zu verstehen. Deswegen wurde sie konkreter. Gleichzeitig sah sie mich beinahe eindringlich an.

»Till, zu meiner Zeit gab es kein Instagram oder Facebook. Wir hatten nach den Spielen das Mannschaftshaus. Da unterhielten wir uns über alles Mögliche, auch über das Spiel. Heutzutage wird alles digital abgehandelt. Der Wert einer Sache wird in Zahlen ausgedrückt. Bist du gut, bekommst du Follower. Hast du ein gutes Tor geschossen, bekommst du Likes. Es ist nichts Schlechtes daran. Doch vergiss niemals, dass es auch Zeiten geben wird, in denen du nicht gut bist oder keine Tore schießt. Was machst du dann, wenn du keine Likes bekommst? Bist du ein schlechterer Mensch? Lass dich nicht von Likes oder Kommentaren lenken, die von Menschen kommen, die dir nicht viel bedeuten.«

Gemeinsam stellten wir noch ein paar Hütchen auf. Danach lief ich in die Kabine, Samir kam schon raus. Als er seine Fußballsachen anhatte, hielt er immer noch das Smartphone in der Hand und schien zufrieden zu sein. Er rief mir zu »Hey Till, mein Tor wurde auf einem Fußballaccount geteilt. Die haben 1,2 Mio. Follower.«

Mein Blick wanderte kurz in die Richtung von Heike, die sich nur wenige Schritte von uns entfernt befand. »Ich hoffe, du hast verstanden, was ich meine«, rief sie, als sie bemerkte, dass ich sie beobachtete.

KAPITEL 8

25 Anrufe in Abwesenheit. 68 WhatsAppNachrichten und etliche weitere Benachrichtigungen weckten mich aus dem Traum am frühen Morgen. Als das Display meines Handys einen Anruf meiner Mutter anzeigte, drückte ich ihn weg und versuchte mich zu sammeln. Ich war ausgepowert und mir tat alles weh, sodass ich nur noch schlafen wollte. Vor Müdigkeit konnte ich mich nicht genau erinnern, was an dem gestrigen Tag passiert war. Es dauerte ein wenig, bis ich in er Lage war, wenigstens etwas von dem mitzubekommen, was wirklich um mich herum geschah. Langsam sammelte ich mich, sodass ich wieder in der Lage war, wenigstens einen vernünftigen Gedanken zu fassen.

Und das war auch der Moment, in dem mir wieder einfiel, was geschehen war.

Ich hatte das entscheidende Tor im DVF-Pokal-Halbfinale erzielt und meiner Mannschaft damit den Weg ins Finale geebnet. Da waren sie wieder. Die Emotionen, die ich gestern nicht hatte richtig verarbeiten können. Die Glücksgefühle übermannten mich. Es zeichnete sich ein Lächeln in meinem Gesicht ab, als ich mir in Erinnerung rief, wie ich das Tor gemacht hatte. Mein Körper unterdrückte von jetzt auf gleich die Schmerzen, die ich nach dem Spiel hatte, und ich erinnerte mich wieder an alles. Ich fühlte mich stark und gleichzeitig unbesiegbar.

Es war ein Freitag, also bedeutete dies, dass wir kein Training hatten. Ich konnte in aller Ruhe in den Tag starten und meine Knochen sortieren. Um ehrlich zu sein, war ich nie der Social Media Typ gewesen und das Smartphone hatte ich nur, weil es ohne nicht ging. Daher sah ich nun auch keine Nachrichten nach, sondern legte es einfach beiseite und stand auf.

Nachdem ich mich gestreckt hatte, ging ich in die Küche. Sie war nicht sonderlich groß, beherbergte aber alles, was ich brauchte. Auch die Arbeitsplatte der Küche war nicht sehr groß. Aber ich brauchte nicht sehr viel Platz, da ich alleine wohnte. Ich wollte einfach nur den Tag nach so einem anstrengenden Spiel genießen. Nachdem ich die Kaffeemaschine eingeschaltet hatte, drückte ich auf den Knopf und wartete, bis die Tasse sich langsam füllte. Mir gingen immer wieder die Bilder des Spiels durch den Kopf, wie eine Endlosschleife wiederholten sie sich. Vor allem an die entscheidenden Minuten erinnerte ich mich immer wieder.Als die Kaffeemaschine fertig war, nahm ich meine Tasse und ging ins Wohnzimmer, um nun doch die Nachrichten auf meinem Handy zu checken. Es war 10 Uhr und ich ging meine Nachrichten durch. Schon auf den ersten Blick konnte ich erkennen, dass Werner mir geschrieben hatte.

»Wo bleibst du? Mannschaftssitzung um 10!«

Er hatte vor einer Viertelstunde geschrieben. Wo ich blieb? Was war denn? Heute war Freitag und freitags trainierte weder die Profis, noch die U23. Es war ein Ruhetag. Langsam dämmerte es mir und ich erinnerte mich daran, wie es kurz beim letzten Training erwähnt wurde. Es war also eine Mannschaftssitzung auf 10 Uhr angesetzt. Verdammt! Wie konnte ich das nicht auf dem Zettel haben? Ich riss mich von der Couch hoch und verschüttete dabei den Inhalt der Tasse komplett auf dem Boden. Ohne mich frisch zu machen, rannte ich ins Schlafzimmer. Ich schlüpfte in die Trainingsklamotten vom Vortag, die auf dem Boden vor dem Bett lagen, und sammelte meine Schlüssel zusammen. Dann suchte ich nach dem Handy. Als ich mich jedoch daran erinnerte, dass es noch immer auf dem Sofa lag, kam ich nicht um die Feststellung herum, dass ich eindeutig verpeilt war.

Auf dem Weg zum Trainingsplatz hatte ich bestimmt nicht nur einmal die Geschwindigkeitsgrenze überschritten, da ich mir während der Fahrt Ausreden überlegte, wieso ich zu spät kam. »Hi Coach, mein Wecker hat nicht geklingelt«, wäre eine Möglichkeit. Ich glaubte aber kaum, dass es Glock interessierte, ob mein Wecker klingelte oder nicht. Und wer um alles in der Welt hat einen Wecker? Nach dem letzten Abend wollte ich aber nicht alles versauen. Neulinge haben es immer schwer, aber das hier war definitiv mein Versagen. Nachdem ich meinen Wagen auf dem Parkplatz abgestellt hatte, rannte ich in das Foyer.

»In welchem Raum ist die Sitzung?«, fragte ich eine Frau, die am Empfang saß.

»Hallo erst einmal, Herr Müller.« Die Frau lächelte mich freundlich an.

»Hi, sorry. Ich habe mich verspätet, wo ist die Sitzung?« Ich versuchte ebenfalls freundlich zu bleiben, allerdings war ich so im Stress, dass ich es nicht für mich behalten konnte.

»Welche Sitzung meinen Sie denn, Herr Müller?«

»Die Sitzung der ersten Mannschaft.«

Die Dame am Empfang schaute mich verblüfft an. Ich konnte erahnen, was gerade in ihrem Kopf vor sich ging, doch das änderte nichts. »Im Saal 2 gibt es eine Sitzung, aber …«

»Danke, danke«, rief ich ihr zu.

Ich hatte keine Zeit, mich länger mit ihr zu unterhalten. Also legte ich einen Sprint bis den langen Flur entlang ein, bis ich mein Ziel erreicht hatte. Ich wollte Glock und Werner auf keinen Fall enttäuschen. Ohne zu klopfen, riss ich die Tür auf. Es saßen ungefähr zehn ältere Herren an einem kreisrunden Tisch. Alle waren locker über 60 und schauten mich verblüfft an, als ich einfach hineinkam. Der Sprecher unterbrach seine Rede und musterte mich.

»Junge, suchst du jemanden?«, wandte sich einer von ihnen an mich.

»Ja, ich wollte zur Mannschaftssitzung.«

»Heute gibt es keine Mannschaftssitzung.«

Ich dachte mir nur, woher sollte dieser Mann wissen, ob es eine Sitzung gab. Dann erkannt jedoch ein älterer Herr aus der Runde mich.

»Hey, Manni, das ist doch der Müller! Erkennst du deine eigenen Leute nicht mehr?« Wie wild lachten sie alle darauf los. Als ich Manni erblickte, wurde mir bewusst, dass ich gerade in die Vorstandssitzung hereingeplatzt war. Manfred Kohler war der Präsident des FC Buntwalds und in all der Hektik hatte ich ihn nicht erkannt.

»Da ist er doch, unser Wonderkid. So schrieb es doch die Zeitung, oder?«, rief Herr Kohler.

Die Runde der älteren Herren applaudierte und alle gratulierten mir zu dem gestrigen Erfolg.

»So Junge, jetzt aber husch husch. Wir müssen weitermachen.«

Ich entschuldigte mich mehrmals und schloss die Tür hinter mir, nachdem ich wieder auf den Flur getreten war.

Mein Telefon klingelte und zeigte einen Videocall von Werner. Sofort drückte ich auf das grüne Symbol und nahm den Anruf an.

»Junge, wo bist du?«

»Ich war in Saal 2. Das ist aber die Vorstandssitzung. Wo seid ihr?«

Jetzt konnte er sich kaum noch halten vor Lachen.

»Ich bin zu Hause. Hab dich hereingelegt. Ei ei ei, im Halbfinale das entscheidende Tor schießen, aber die Termine nicht einhalten«, kicherte er.

Ich wusste nicht, was ich sagen sollte und fing auch an zu lachen. Gleichzeitig wurde mir aber auch bewusst, dass ich mir diese Erinnerung anscheinend nur eingebildet hatte. Das schob ich aber auf die Müdigkeit. Mir gefiel es aber, dass Werner sich Scherze mit mir erlaubte.

»Also Till, das war dein Willkommensgeschenk. Hast gestern 1A gespielt. Aber an den Terminen musst du noch arbeiten. Wir sehen uns morgen beim Training.«

Er lachte weiter und legte auf. Ich hingegen war erleichtert. Direkt auf der anderen Seite des Flures befand sich ein Spiegel. Einige Sekunden betrachtete ich mich darin. Dabei stellte ich fest, dass ich wirklich nicht gut aussah. Und ausgerechnet so war ich in die Vorstandssitzung geplatzt. Zum

Glück waren die alten Herren, wirklich locker drauf gewesen. Da ich mir noch keinen Kaffee gegönnt hatte, wollte ich einen an der Bar trinken, welche sich im Eingangsbereich befand.

»Der Werner macht gerne Streiche«, erklärte die Frau, nachdem ich ihr berichtet hatte, was geschehen war.

»Das ist wohl wahr. Ich habe ihn eher als ruhigen Typen kennengelernt.«

»Ja, von außen scheint er sehr distanziert und unnahbar zu sein, eigentlich ist er aber ein Herzensmensch. Und wenn er Streiche mit Ihnen spielt, muss er Sie mögen.«

»Wieso sind Sie sich so sicher?«

»Ach, Jungchen, ich arbeite nun seit 35 Jahren hier. Da bekommt man so einiges mit. Daher kann ich versichern, dass ich sie alle kenne. Ach, und gutes Spiel gestern. Weiter so!«

Im Foyer gab es eine Chillout-Lounge, die aus mehreren kleinen Sofas und einem gemütlichen Sessel bestand. Nachdem ich ihr noch einmal zugelächelt hatte, setzte ich mich dort hin, um meinen Kaffee zu genießen und die Mails zu checken. Im Normalfall hatte ich morgens ein paar Nachrichten aus Gruppenchats, mehr auch nicht. Heute waren es aber eindeutig mehr, einfach viel zu viele. Unmöglich konnte ich sie alle beantworten, das hätte Stunden gedauert. Stattdessen ging ich erst mal auf Instagram.

Doch bereits in der nächsten Sekunde traute ich meinen Augen kaum. 23.500 Menschen folgten mir. Unfassbar. Zuvor hatte ich vielleicht 390 Follower. Und die bestanden nur aus Familie und Freunden. War ich nun berühmt?, fragte ich mich. Was macht man denn, wenn man so viele Follower hat? Sollte ich irgendwas posten? Ich wusste nicht so genau, wie ich mich verhalten sollte. Also ließ ich es erst einmal darauf beruhen und beschloss, dass ich mich später noch einmal damit auseinandersetzen konnte. Zwar bedeutete es mir nicht viel, aber dennoch fühlte es sich gut an, so viele Follower zu haben. Die Privatnachrichten liefen ebenfalls über. Ich konnte mich nicht daran erinnern, dass ich jemals so viele Nachrichen gehabt hatte. Ich hatte wirklich kaum Lust, sie alle zu beantworten. Das musste ich eindeutig zugeben. Stattdessen besuchte ich die Webseite Transfermarkt. de. Auch hier gab es Neuigkeiten. "Kopfballtor entscheidet das Nordderby: 19-Jähriger Müller trifft im Profi-Debut.« Unter der Rubrik meistaufgerufener Spieler war ich aktuell auf Platz 1 in Deutschland. Ich betrachtete kurz ein Unterforum. Darauf gab es schon eine Diskussion über meinen Marktwert. Auch die Sportseiten waren voll mit Nachrichten, die sich alle um mich drehten. »Müller wird zum Helden«, »19-Jähriger kickt die SpVgg aus dem Pokal«. Die Liste war einfach zu lang.

Deswegen legte ich das Smartphone beiseite, lehnte mich auf die Couch und entspannte mich. Die Follower und die Nachrichten bedeuteten mir nichts. Egal was passierte, ich war darauf vorbereitet.

KAPITEL 9

Als die Angebote immer konkreter wurden und Samir sich entscheiden musste, wie er seine Zukunft gestalten wollte, für welche Mannschaft er spielen wollte, hing ein leichter Schleier in der Luft. Samir wusste nicht genau, wohin er gehen sollte, und uns, seine Freunde, beeinflusste das Ganze auch sehr. Im Prinzip waren wir als Kinder einfach gestrickt. Das Einzige, was wir wollten, war zusammen Fußball zu spielen und Spaß zu haben.

Doch zum ersten Mal in unserem jungen Leben bekamen wir ein Gefühl dafür, was es bedeutete, erwachsen zu werden. Wir mussten Entscheidungen fällen, dessen Auswirkungen wir nicht absehen konnten. Wir wussten nur, dass wir in irgendeiner Weise Abstriche machen mussten. Sollten wir alle dem Wunsch nachgehen in unserer Heimatstadt zu bleiben, damit wir zusammen kicken konnten, hätten wir viel Spaß zusammen gehabt, aber den Weg zu unserem Ziel nicht verfolgen können. Dies war uns allen klar.

Eines Abends saßen wir bei Samir zu Hause in seinem kleinen Zimmer und zockten auf dem kleinen Fernseher, der auf einer Kommode stand. Yassine und Jana kamen dazu, nachdem sie noch ihre Schulaufgaben machen mussten.

»Samir, wie sieht es eigentlich aus? Wann ziehst du jetzt um?«, fragte ihn Jana, nachdem sie einige Minuten zugesehen hatte.

»Nächsten Monat soll es so weit sein.«

»Bro, wieso gehst du? Bleib doch hier? Ohne dich wird es doch langweilig.«

Yassine hatte immer noch nicht begriffen, dass Samirs Weg zum Profi nicht hier lag. Dabei hatten wir uns in den letzten Tagen öfter darüber unterhalten.

»Ich muss leider. Sonst wird es schwer für mich, Profi zu werden.«

»Junge, übertreib mal nicht. Du bist gut, wir wissen es. Jeder weiß es. Aber so viele versuchen Profi zu werden und nur die wenigsten schaffen es.« Yassine war immer offen, ehrlich und hielt seine Meinung nie zurück, was wir an ihm oftmals beneideten.

»Ich weiß, aber es ist mir egal. Für mich gibt es nur diese Option. Entweder werde ich Profifußballer oder gar nichts.«

Samir zuckte mit den Schultern und zeigte so, dass er genau darüber nachgedacht hatte. Ich hörte den Jungs zu. In Samirs Stimme gab es eine leichte Verzweiflung. Es machte den Eindruck, als ob er flüchten wollte. Er wollte um jeden Preis hier weg, und zwar jetzt. Für mich war es ein wenig wie eine Kurzschlussreaktion, doch er musste diesen Weg gehen und diese Entscheidung treffen.

Adler Frankfurt hatte ihm angesichts seiner schlechten Schulnoten abgesagt. Samir hatte in dem letzten halben Jahr in der Schule abgebaut. Seine Noten gingen den Bach runter, da er sich mehr auf den Sport, als auf das Lernen konzentriert hatte. Bochum wollte ihn auch nicht mehr haben, da sie einen ukrainischen Nationalspieler unter Vertrag genommen hatten. Dass er sich in dem Alter mit Nationalspielern messen musste, war schon beneidenswert. Ein kleiner Junge aus der Vorstadt von Buntwald war dabei, seine Fußballkarriere zu starten.

Samir blieb nur noch eine Wahl. Seine letzte Wahl. Die SpVgg sollte es sein. Das Trainingsgelände der SpVgg war nicht weit weg von unserem Wohnort Kronenstadt, aber dennoch sollte er im Internat schlafen. Er fand, dass er für seine Geschwister da sein wollte. Auch seine Mutter wollte er unterstützen. Jedoch bekam er kein Geld. Daher stellte ich ihm die berechtigte Frage, wie er das machen wollte. Noch in der gleichen Sekunde wurde er wütend und fragte, was mich das interessiere. Er unterstellte uns, seinen Freunden, in einer heilen Welt zu leben und keine Ahnung über richtige Probleme zu haben. Wir waren geschockt und verstummten alle drei.

Nach endlosen Minuten des Schweigens schlugen Jana und Yassine vor, rauszugehen und Zeit auf dem Bolzplatz zu verbringen. Samir wollte aber nicht. Er war mehr an der Playstation interessiert, als an einem Gespräch mit uns. Daher verabschiedeten wir uns nach einigen Minuten und machten uns auf den Weg nach Hause. Während wir die lange Straße zum Bolzplatz entlang gingen, diskutierten Jana und Yassine darüber, was mit Samir los sein könnte. Jana meinte, dass wir das nicht verstehen könnten, schließlich befanden wir uns nicht in der gleichen Lage wie Samir. Er würde unter ständigem Druck sein und dass es normal wäre, wenn man sich dann so verhielt. Mädchen in unserem Alter waren den Jungs etwas voraus. Ich versuchte, Janas Ansicht zu verstehen. Es ergab Sinn.

Yassine behauptete, einmal so eine Situation bei seinem Cousin erlebt zu haben. Danach wäre dieser in der Schule noch schlechter geworden und hätte anscheinend nur noch mit Geistern gesprochen. Wir fragten Yassine, woher er die Story hätte, da wir es uns nicht vorstellen konnten. Dabei sahen wir ihn ein wenig skeptisch an. Doch er meinte, dass es seinem Cousin wirklich so passiert wäre. Wir glaubten ihm dennoch kein Wort, da er jemand war, der gerne übertrieb. Ich konnte Janas Argumentation eher verstehen.

Samir stand wirklich unter Dauerstress. Er musste von seiner Familie weg und die Zustände zu Hause kannten wir nicht. Hier und da hörten wir, dass seine Mutter alles für ihre Kinder gab und dass sein Vater nicht besonders zuverlässig wäre. Bis jetzt hatten wir es aber selber noch nicht erlebt. Samir darauf anzusprechen, trauten wir uns nicht. Also blieb uns nur übrig, darüber zu spekulieren. Irgendwann, nachdem wir weitergegangen waren, unterbrach Jana unsere Unterhaltung:

»Ey Jungs, das ist nicht korrekt. Es ist Privatsache, was zu Hause passiert. Deswegen haben wir kein Recht darauf, uns dort einzumischen oder neugierig zu sein.«

Wir verstanden, was sie meinte. Dieses Thema hatte dafür gesorgt, dass wir auch keine Lust mehr hatten, draußen zu kicken. Also machten wir uns alle auf den Weg nachhause. Kaum hatte ich das Haus erreicht, in dem ich mit meinen Eltern lebte, vibrierte mein Telefon.

Nachdem ich auf das Display gesehen hatte, stellte ich fest, dass Samir mir geschrieben hatte. »Es tut mir leid, Till.

Ich wollte dich nicht angreifen.« Mir war bewusst, dass ihn etwas belastete. Aber Samir würde uns niemals was erzählen. Egal, wie oft wir ihn fragten. Lieber konzentrierte er sich komplett auf das Fußballspielen und versuchte dadurch seine Probleme zu verarbeiten.

Wundersamerweise bekam er dadurch auch wie von Zauberhand gute Laune. Er war einer der besten und nettesten Personen, die ich kannte.

»Hallo, ist jemand zu Hause?«, rief ich, nachdem ich den kleinen Flur betreten hatte, der zum Haus gehörte.

»Mein Sohn, komm rein. Ich bin im Wohnzimmer.«

»Hi, Papa. Was siehst du dir da an?«, begrüßte ich ihn, nachdem ich das helle Zimmer betreten hatte.

Im Wohnzimmer befand sich nach hinten eine große Scheibe, die das Sonnenlicht hereinließ. Dies sorgte dafür, dass die große Deckenleuchte eigentlich nur im Winter in Gebrauch war. Selbst abends, wenn es bereits dunkel war, wurde eher die Stehlampe eingeschaltet, die direkt neben der Tür zum Flur stand.

»Ach, das ist eine Dokumentation über die argentinische Legende Armando.«

»Er war einer der besten Spieler, den ich je gesehen habe. dribbelstark und zudem unglaublich im Abschluss«, erklärte mein Vater. So viel hatte ich auch schon über ihn gehört. Mehr wusste ich aber auch nicht über ihn. Daher setzte ich mich auf die Couch und schaute die Dokumentation mit.

Der Sprecher in der Dokumentation teilte den Zuschauern mit, dass viele Profifußballer aus schwierigen Verhältnissen kamen. Sie würden im Fußball eine Art der Befreiung vom Stress empfinden oder besser gesagt einen Ausweg. So war es auch bei Armando.

»Oh, das stimmt. Zumindest ein erheblicher Anteil kommt aus schwierigen Verhältnissen. Früher war der Anteil sogar noch größer.«

»Heißt es dann, dass Menschen aus guten Verhältnissen keine Fußballer werden können?«, erkundigte ich mich neugierig.

»Nein, um Gottes willen. Jeder, der etwas Talent besitzt, kann Fußballer werden. Doch manchmal muss man als Mensch auf gewisse Sachen verzichten, wenn man etwas erreichen möchte. Und Menschen, die nicht viel haben, müssen nicht auf viel verzichten. Uns hingegen geht es gut, aus diesem Grund sehen wir Fußball als Hobby. Für andere ist es die Leidenschaft, die den Weg zu einem besseren Leben ebnet.«

Ich verstand, was er meinte. Samir sah also einen Ausweg darin. Aber einen Ausweg aus was?

KAPITEL 10

Der Profi-Alltag dominierte mein Leben schneller, als ich es erahnen konnte. Eine Trainingseinheit bei den Profis war viel erschöpfender als ein gesamtes Spiel bei den Amateuren. Dies stellte ich schnell fest. Das Tempo war höher, die Abspiele und Laufwege präziser. Dies war nicht mit dem Training zu vergleichen, welches ich in den letzten Jahren durchlaufen hatte. Alle Eigenschaften, die mich als Amateurfußballer ausmachten, schienen im Profibereich keine Rolle mehr zu spielen. Mir wurde nachgesagt, kopfballstark zu sein. Auch hatte ich, dachte ich auf jeden Fall bis zu dem Zeitpunkt, eine gute Zweikampfquote. Es schien mir so, als hätte ich in einem Videospiel nicht nur einen, sondern 5 Level-Ups bekommen.

Doch bereits beim ersten Training stellte ich fest, dass meine Stärken nicht mehr zu erkennen waren. Daher wunderte ich mich, wie ich eigentlich das Pokal-Halbfinale bestritten hatte und das auch noch erfolgreich. Ich verlor so ziemlich jeden Kopfball und Zweikampf, in den ich geriet. Mir kam es so vor, als würde ich als Kind mit Erwachsenen spielen. Alle waren schneller und kräftiger. Daran bestand bereits nach dem ersten Training kein Zweifel. Ich konnte niemandem das Wasser reichen, dabei versuchte ich mit ihnen Schritt zu halten. In mir kamen Zweifel auf, ob ich mich wirklich für den richtigen Weg entschieden hatte.

Mir war durchaus bewusst, dass das nächste Training eventuell das letzte sein könnte, bei dieser Leistung. Daher ging ich bei jedem Training an meine Grenzen. Dies blieb auch meinen Trainern nicht verborgen.

Gleichzeitig ließen sie es mich auch spüren, dass sie mich genau beobachteten. Immer wieder feuerten sie mich an, mehr zu leisten. Die erste Woche bei den Profis war ein Kampf, doch ich konnte standhalten und schaffte es irgendwie, diese zu überstehen. Zu meiner Überraschung gehörte ich aber nicht zum Kader der nächsten Partie im zweiten deutschen Oberhaus. Überrascht klingt in diesem Zusammenhang jedoch eher untertrieben. Ich wusste, ich hatte es aufgrund meiner Leistung beim Pokal verdient. Jedoch setzten meine Trainer nicht auf mich, was mich enttäuscht zurückließ.

Montero fühlte sich wieder fit und auch ein weiterer Ersatzinnenverteidiger konnte wieder spielen. Ich verstand die Welt nicht. Es war schwer zu begreifen. Im letzten Spiel war ich der Matchwinner gewesen und jetzt nur von der Tribüne aus zuzusehen, war in meinen Augen ein herber Rückschritt. Als nach dem Training in der Umkleidekabine die Verlesung des Kaders stattfand, spürte ich eine Mischung aus Wut und Unverständnis für die Entscheidung des Trainers. Dennoch hielt ich mich zurück, da ich erst neu bei den

Profis eingesetzt wurde. Da wollte ich nicht gleich Streit suchen, weil ich mich nicht unter Kontrolle hatte. Das Gefühl, übergangen worden zu sein, ließ mich nicht los. Gleichzeitig kam es mir aber auch so vor, als würde man meine Leistung aus dem Spiel überhaupt nicht würdigen. Ich wusste nicht genau, wie ich die Situation einordnen sollte, so merkwürdig war alles. Eigentlich hätte ich doch in der zweiten Mannschaft mitspielen können, um Kraft zu tanken. Deswegen fragte ich den Co-Trainer, nachdem alle verschwunden waren. Er versprach mir aber nur, dass ich noch meine Einsätze bekommen würde. Ich müsste geduldig sein und auf die richtige Gelegenheit warten. Diese würde aber mit Sicherheit kommen, schließlich mussten alle neuen Spieler darauf warten.

Nach der letzten Trainingseinheit der Woche machte ich mich auf den Weg nachhause. All die Euphorie der letzten Tage verwandelte sich in eine Art Selbstzweifel. War ich doch nicht gut genug? Oder bewertete ich die Situation vorschnell? Ich konnte es ehrlich gesagt nicht sagen. Eines war mir aber klar. Zu Hause zu sitzen und darüber nachzudenken, würde mir keine Antwort auf meine Fragen geben. Also machte ich einen Spaziergang am Hafen, um auf andere Gedanken zu kommen. Überrascht, da ich nicht wusste, dass abends so viele Menschen noch unterwegs waren, sah ich mich um, nachdem ich den Parkplatz verlassen hatte. Gleichzeitig drang das leichte Rauschen des Meeres an meine Ohren. Als ich zu dem Steg sah, erkannte ich die leichten Wellen, die die Schiffe am Hafen hin und her schaukelten. Nach ein paar Minuten fühlte ich mich schon freier. Der sanfte Wind wehte mir um die Nase, sodass ich besser denken konnte. Zwar konnte ich auch jetzt dem Rätsel keine

Antwort geben, dennoch bemühte ich mich um Ablenkung, da ich mich nicht länger damit beschäftigen wollte. Ich ging weiter und erreichte irgendwann den Fischmarkt, der sich auf einem großen Platz befand. Menschen bestanden an den einzelnen Ständen und begutachteten die einzelnen Fische. Langsam ging ich an einigen von ihnen vorbei und konnte dabei erkennen, dass die unterschiedlichsten Fischsorten auf Eis lagen und von den Kühlgeräten gekühlt wurden. Außerdem nahm ich den Geruch von paniertem Backfisch in der Luft wahr, der in der Luft lag. Als ich vor einem Imbissstand ankam, entschied ich mich dazu, mir ein Brötchen zu gönnen. Deswegen stellte ich mich in eine kleine Reihe vor einem Imbisswagen an.

»Hi, ich hätte gerne Backfisch im Brötchen«, wandte ich mich an die Frau, die sich auf der anderen Seite des Tresens befand, als ich an der Reihe war.

»Oh, hi.« Die Verkäuferin schien überrascht zu sein, sodass sie im ersten Moment anscheinend nicht wusste, wie sie reagieren sollte.

»Kommt sofort. Mit Remouladensoße?«, murmelte sie dann, nachdem sie sich anscheinend wieder gefangen hatte.

»Ja, bitte.« Eigentlich hätte ich als Profisportler an meine Fitness denken müssen. Daher war es wahrscheinlich nicht die beste Idee, abends um die Uhrzeit noch zu essen. Doch die Chancen standen gut, dass ein leckeres Brötchen meine Stimmung aufhellen konnte. Ganz davon abgesehen, würde ich wahrscheinlich bei dem nächsten Spiel eh nicht auf dem Platz stehen. Deswegen brauchte ich mir deswegen keine Sorgen zu machen.

»Das geht aufs Haus, Till«, verkündete sie und riss mich so aus meinen Gedanken.

In diesem Moment konnte ich nicht für mich behalten, dass ich überrascht darüber war, dass die Dame meinen Namen kannte. Doch dann fiel mir in all meinem selbstgeschaffenen Mitleid ein, dass dies nun normal sein würde. Der ganze Fischmarkt war übersät mit den Wappen und Farben des FC Buntwald. Das war mir vorher gar nicht aufgefallen. Da ich ihr keine Umstände machen wollte, teilte ich der Frau mit, dass ich gerne zahlen würde.

»Die ganze Woche reden meine Jungs schon von dir. Wie würde es denn rüberkommen, wenn ich von ihrem großen Idol Geld für ein Brötchen verlangen würde?« Beinahe geschockt sah sie mich mit großen Augen an.

Ich wusste nicht so recht, was ich antworten sollte. Also suchte ich verzweifelt das Portemonnaie, welches sich irgendwo in meinen Taschen befinden musste.

Sie bestand aber darauf und fragte mich stattdessen, ob ich denn nicht für ihre Jungs eine Fußballzeitschrift unterschreiben könnte, die sie heute Morgen noch für die beiden gekauft hatte. Ich war sehr gerührt von ihrer Geste und auch darüber, dass ich tatsächlich nach einem Autogramm gefragt wurde. Gerne unterschrieb ich das Bild, auf dem ich zu sehen war und zog anschließend meinen Team-Hoodie unter meiner Jacke aus und signierte es ihr ebenfalls.

Sie war verblüfft.

»Junge, du wirst frieren. Zieh das Ding wieder an.« Ich lächelte nur und versicherte ihr, dass ich ohnehin schon dick angezogen war. Daher brauchte sie sich deswegen keine Sorgen zu machen.

Sie dankte mir von Herzen und wünschte mir viel Erfolg bei unserem nächsten Spiel. Als ich mich umdrehte, erkannte ich, dass sich eine Menschenmenge hinter mir versammelt hatte. Verblüfft sah ich kurz erneut zu der Dame. Doch sie zog nur lächelnd und mit einem unschuldigen Gesichtsausdruck die Achseln hoch. »So ist es, wenn man der Star bei Buntwald ist.« Die Menschen um mich herum riefen die ganze Zeit: »Müller, unser Held … du bist der beste Müller…«

Viele hatten schon die Jacken offen, damit ich auf ihren Pullis unterschreiben konnte. Einige von ihnen hielten mir ihre Schals, andere ihren Rücken hin. Die Fans gratulierten mir zum Sieg und sprachen mich auch auf das nächste Spiel an. Ich nickte ihnen höflich zu und versuchte all ihre Fragen so gut wie möglich zu beantworten. Allerdings waren es so viele, die auf mich einprasselten, dass ich mir sicher war, dass ich nicht einmal die Hälfte davon beantwortete. Nachdem ich mich verabschiedet und mir einen Weg aus der Menge herausgesucht hatte, sangen sie Sprechchöre mit meinem Namen.

»Müller, Müller, Müller …«

Auf dem Heimweg genoss ich den Backfisch, obwohl er durch die Belagerung ein wenig kalt geworden war. Dabei dachte ich über die Begegnung mit den Fans nach. Davor hatte ich mir so viele Fragen gestellt. Diese Fragen schienen sich nun jedoch in Luft aufgelöst zu haben. Auf eine merkwürdige Art und Weise fühlte mich befreiter, lockerer. Das Gefühl der Euphorie war wieder da, obwohl ich am Wochenende nicht spielte.

Links am Ufer befanden sich vereinzelt Stände, an denen die Menschen einen fröhlichen Abend genossen. Einige erkannten mich auch hier und riefen mir zu. An einem Stand fiel mir eine ältere Frau auf. Ihre Silhouette kam mir bekannt vor. Daher trat ich etwas näher.

War es Heike, meine Trainerin aus der Jugend? Sie stand an einem Stehtisch, die Ellbogen darauf abstützend, mit einem Getränk in der Hand. Als ich nähertrat, riefen die Menschen auch hier wieder: »Leute, das ist Müller.« Mehrere Gäste, die an den Stehtischen standen, drehten sich in meine Richtung. Ich hingegen flüsterte nur: »Heike?« Es dauerte einen Moment, doch dann drehte auch sie sich um. »Ach, Till.« Sie schien überrascht darüber zu sein, mich zu sehen. Ihre Haare waren an den Schläfen ergraut und an den Augenwinkeln zeichneten sich sichtbare Falten ab. Wir hatten uns bestimmt schon fünf Jahre nicht mehr gesehen. Als ich ihr die Hand geben wollte, umarmte sie mich und erkundigte sich nach meinem Befinden. Ihre Freunde schauten uns überrascht an, ohne ein Wort zu verlieren.

»Mensch, wir haben und schon bestimmt eine Ewigkeit nicht mehr gesehen.«

»Fünf Jahre«, antwortete ich.

»Na, erzähl mal, wo hast du die letzten fünf Jahre gesteckt?« Als wir immer tiefer ins Gespräch kamen, spendierte mir einer aus der Runde ein Getränk, welches ich dankend annahm.

»Ella, machst du uns hier bitte noch eine Runde?«

Heike erzählte mir, was sie in der letzten Zeit alles erlebt hatte und dass sie immer noch Jugendtrainerin wäre. Ich fragte sie, warum sie nicht eine höherklassige Mannschaft trainieren würde.

»Ich habe mich auch lange gefragt, ob ich bei einem Profiverein Trainerin werden sollte. Angebote waren zur Genüge da, darüber kann ich mich auf jeden Fall nicht beschweren. Wie du weißt, habe ich noch eine Familie, für die ich da sein will. Das Ganze würde mich zu viel Zeit kosten.

Diese Zeit möchte ich lieber mit meinen Kindern verbringen.«

Heikes Antwort war wie immer ehrlich. Sie wollte das Trainieren als Hobby weiterführen und das Beste unter diesen Umständen aus den Jungs herausholen.

»Zurzeit trainiere ich die A-Jugend des FC Kronenstadt. Wir haben auch ein paar Talente in der Mannschaft, auch wenn sie nicht ganz so talentiert wie du und Samir sind. Aber eins muss ich feststellen, der Spaß ist immer noch da und du weißt, das ist das Wichtigste am Fußball.«

Ich lächelte. Jahre waren vergangen, doch sie wusste ganz genau, wie ich tickte. Heike erkundigte sich, wie ich bei den Profis zurechtkam.

»Ganz gut. Es geht alles etwas schnell für mich. Bin gerade mal seit einer Woche dabei. Versuche das Beste daraus zu machen.« Ich zuckte mit den Schultern, da ich nicht genau wusste, wie ich es ausdrücken sollte.

»Ich habe eben von den Jungs hier gehört, dass du am Wochenende nicht im Kader bist? Stimmt das?«

»Ja, leider, stimmt das.«

»Wie gehst du damit um?«

»Nach dem Training war ich schon etwas angefressen. Doch es hat sich langsam gelegt.«

Einige Sekunden sah sie mich prüfend an.

»Till, du bist mittlerweile ein Profifußballer. Der Trainer ist erfahren genug, um zu wissen, was das Beste für dich ist. Manchmal muss man einen Schritt zurück machen, um wieder zwei nach vorne zu gehen. Dass du am Wochenende nicht dabei bist, liegt nicht an deiner Leistung oder auch nicht daran, dass du nicht mithalten kannst. Wenn es so wäre, hätten sie dich nicht zu den Profis geholt. Da sitzen Scouts vor Computern und beobachten Spieler jahrelang. Du bist ein Jungspund und der Trainer möchte dich nicht so schnell verheizen. Er möchte, dass du einen Schritt nach dem anderen machst. Bald wirst du wieder eine Chance bekommen, bis dahin musst du geduldig sein. Das ist die wichtigste Eigenschaft im Profisport, die du erlernen musst. Ich denke, dass Glock dir das beibringen möchte.«

Von dieser Seite hatte ich die Sache bislang nicht gesehen. Heikes Worte öffneten mir allerdings die Augen. Ich war innerlich so überzeugt von meiner Leistung aus dem Pokal-Halbfinale, dass es mir nicht aufgefallen ist. Wir unterhielten uns noch eine Weile. Anschließend verabschiedete ich mich von Heike. Die Jungs an der Theke und den Nachbartischen winkten mir zu und wünschten mir viel Glück. Nachdem ich den Stand wieder verlassen hatte, ging weiter am Ufer entlang und dachte über den Abend nach, der mir eine Lehre war.

KAPITEL 11

Wir wussten zwar, dass Samir bald gehen würde, aber wir hätten niemals gedacht, dass es so früh wäre. Ich schrieb in den Gruppenchat, ob wir uns später am Tag treffen wollten. Yassine und Jana antworteten, dass sie auf jeden Fall dabei wären. Auch Samir war damit einverstanden, dass wir uns nach der Schule sehen. Also machten wir uns am Nachmittag zu dritt auf den Weg zu Samir, nachdem wir unsere Taschen nach Hause gebracht hatten. Er wohnte nur wenige Straßen von mir entfernt. Der Weg nicht sehr weit war. Wir wollten uns von ihm verabschieden, bevor er sich auf den Weg machen würde. Vor der Haustür hörten wir schon die Familie, die sich laut unterhielt und sich immer wieder Dinge zurief. Auf mich machte es den Eindruck, als wären alle ein wenig hektisch. Dennoch drückte ich auf den Klingelknopf. Es dauerte nur einige Sekunden, dann öffnete Samirs Vater die Tür und rief nach ihm.

»Hey, wie geht es euch?«, erkundigte er sich.

»Samir, komm, lass rausgehen«, forderte Jana ihn auf, ohne auf seine Begrüßung einzugehen.

Nachdem er sich schnell von seinen Eltern verabschiedet hatte, kam er heraus und zog dabei die Tür hinter sich zu.

Gemeinsam machten wir uns auf den Weg zum Bolzplatz. Ein letztes Mal wollten wir zusammen kicken. Es war Sommer, der Himmel war blau, das Wetter angenehm warm. Eine leichte Brise zog immer wieder über den Bolzplatz. Wir spielten unser Lieblingsspiel, das „Hochhalten". Die Tatsache, dass wir es zum letzten Mal spielten, machte das Spiel ruhiger als sonst. Jeder war fair und keiner hackte auf den anderen herum. Alle hielten sich an die Regeln. Keine Scherze. Keine Witze. Kein Wettbewerb. Es war emotional. Jeder von uns wusste, dass wir nie wieder dieses Spiel spielen würden. Auf jeden Fall nicht in dieser Zusammenstellung.

Irgendwann brach Yassine das Schweigen: »Ich habe keine Lust mehr.« Das Spiel war noch nicht zu Ende. Yassine sprach aber das Offensichtliche aus. Wir waren alle von Samirs Abschied so sehr betroffen, dass wir uns kaum konzentrieren konnten. Es lag etwas in der Luft. Das spürten wir alle.

»Wann gehst du, Samir?«

»Morgen früh.«

»Sollen wir morgen früh noch mal kommen?«

»Nein, übertreibt mal nicht. Ich bin doch in den nächsten Ferien wieder da. Und dann können wir etwas unternehmen.«

Ich wandte mich an Samir und erkundigte mich, wie er sich fühlte. Er antwortete nur kurz und teilte uns mit, dass er aufgeregt sei. Doch das konnte ich nachvollziehen. Näher wollte er aber nicht darauf eingehen. So saßen wir alle im Schneidersitz in einer Runde auf dem rotbraunen Granulat, aus dem der Platz bestand. Keiner wusste so richtig, was er sagen sollte. Wir waren alle sichtlich traurig. Samir versuchte sich nichts anmerken zu lassen. Yassine wollte uns immer wieder ein paar Witze erzählen, doch so richtig lachte keiner. Irgendwann erklärte Jana, dass seine Versuche uns aufzumuntern sinnlos wären und wir lieber nachhause gehen sollten, anstatt uns anzuschweigen.

Auf dem Weg hielt die Stille auch an. Die Situation war neu. Keiner von uns musste bis zu dem Zeitpunkt jemanden, den er mag, verabschieden. Als wir an Samirs Haus ankamen, blieben wir kurz stehen und sahen uns an. Samir murmelte: »So Leute, dann macht's mal gut«. Ohne Vorwarnung rannte Yassine zu ihm und umarmte ihn so doll, dass er fast keine Luft mehr bekam.

»Samir, wir werden dich immer lieben. Auch, wenn du jetzt Profi wirst, vergiss uns bitte nicht.«

»Yassine, ich bin gerade mal 50 km weg und in den Ferien werde ich sowieso wieder herkommen.«

»Samir, bitte pass auf dich auf. Alleine ist es nicht leicht und falls etwas sein sollte, kannst du uns immer anrufen. Wir kommen vorbei.«

Wir nickten alle zu Janas Worten. Anschließend umarmten auch wir uns und er versprach mir, dass er mit dem Trainer sprechen werde. Ich fragte ihn jedoch, warum er das machen wollte. Er war der Meinung, dass ich mindestens so gut wäre wie die Verteidiger der SpVgg. So war Samir. Er konnte niemanden im Stich lassen und war immer zuvorkommend. Wenn er etwas hatte, dachte er sofort daran, es mit anderen zu teilen. Ich fühlte mich geschmeichelt von seinen Plänen. Jedoch sollte er besser in erster Linie an sich denken und sich um mich keine Sorgen machen. Dies teilte ich ihm auch mit. Er bestand aber darauf und erwiderte: »Warte einfach nur auf meinen Anruf«. Anschließend umarmten auch wir uns.

Auf dem Heimweg redeten wir noch ein wenig über Samir und was wir am nächsten Tag machen wollten. Wir mochten uns zwar alle sehr, jedoch wussten wir, dass Samir mit seiner Art derjenige war, der die Gruppe zusammenhielt. Keiner wollte diese Tatsache offen zugeben, um die anderen nicht zu kränken. Wir dachten daran, auf den Bolzplatz zu gehen oder vielleicht in die Stadt, um Eis zu essen. Jana war still, sie gab zu nichts einen Kommentar ab. Als Yassine sie dann anschnauzte, warum sie denn schwieg, erwiderte sie nur, dass wir es genau wüssten.

»Ohne Samir ist es sinnlos.«

»Komm schon, wir können trotzdem Spaß haben.«

Jana sprach die Wahrheit aus, die wir alle kannten, aber keiner aussprechen konnte. Danach herrschte Stille. Keiner von uns konnte Samir Vorwürfe machen. Schließlich wollte er sich den Traum des Profifußballers verwirklichen. Aber wieso hatte er sich nie bei uns gemeldet? Er hatte auch bei seinem Abschied betont, dass er mit mir zusammen kicken wollte. Was war aus dem Traum geworden? Was uns allen jedoch blieb, war die Erinnerung an unsere Kindheit. An eine schöne Zeit zusammen.

KAPITEL 12

Es waren nun drei Wochen seit dem Pokal-Halbfinale vergangen. Glock hatte mich seit diesem Zeitpunkt auch zu keinem weiteren Spiel mitgenommen. Gleichzeitig sollte ich auch nicht in der zweiten Mannschaft mitspielen. Aus diesem Grund unterhielt ich mich mit dem Co-Trainer. Doch außer ein paar schwammigen Antworten bekam ich keine Auskunft über meinen derzeitigen Stand im Team. Diese konnten allerdings alles bedeuten. Von allen Seiten bekam ich nur zu hören, dass ich so weitermachen und mir keine Gedanken machen sollte. In den drei Wochen hatten wir insgesamt fünf Ligaspiele und gewannen alle. So katapultierten wir uns auf den vierten Platz der Zweiten Liga und hatten eine Chance auf den dritten Platz. Dieser würde bedeuten, dass wir in der Relegation gegen einen Absteiger aus der Liga spielen würden. Daher ging es beim Training heiß her. Werner und Montero hielten die Abwehr zusammen, wobei Montero immer wieder Probleme mit dem Oberschenkel hatte. Da ich ihn immer wieder beobachtete, konnte ich es genau erkennen. Sein Gesicht verzog sich oder er fasste sich an das Bein. Da ich im Notfall seine Position einnehmen musste, ging ich weiter an meine Grenzen in der Hoffnung, vom Trainerstab berücksichtigt zu werden. Dann kam nach dem Abschlusstraining der Woche sogar der Co-Trainer zu mir und erklärte, ich soll nach dem Duschen in Glocks Büro erscheinen. Was wollte er denn von mir? Hatte er jetzt endlich erkannt, dass ich mich reinhing? Oder wollte er mir nun endgültig bye-bye sagen? Ob so oder so, ich hielt mich zwar zurück mit Spekulationen, aber die Situation gefiel mir gar nicht. Es war also Zeit, etwas daran zu ändern. Auf jeden Fall wollte ich Klarheit und die würde ich hoffentlich auch endlich bekommen.

Ein letztes Mal atmete ich tief durch. Erst dann klopfte ich an die Tür. »Einen Moment bitte«, hörte ich die Stimme von Glock von der anderen Seite der Tür. Er ließ mich in der Tat 15 Minuten vor der Tür warten. Ich blieb ruhig und geduldig. Anschließend machte er die Tür auf und begrüßte mich: »Oh, Till, du bist ja noch hier, warum hast du nicht noch einmal geklopft?«

Ein wenig überrascht über diese Tatsache sah er mich an.

»Sie haben gesagt, dass ich warten soll«, erwiderte ich nur.

»Sehr gut, komm rein. Und wie geht es dir, Till? Konntest du dich schon einleben in der ersten Mannschaft?«

Mich verwunderte es, dass Glock so tat, als wäre nichts. Dabei wusste er genau Bescheid. Doch ich beschloss, dass ich darauf eingehen würde.

»Danke der Nachfrage, alles gut. Ich gebe mein Bestes und warte geduldig auf meine Chance.« Die Art und Weise, wie das Gespräch verlief, gefiel mir nicht. Ich hätte ihn am liebsten gleich gefragt, warum ich seit drei Wochen auf der Tribüne sitze. Er wollte, dass ich geduldig bleibe, das war offensichtlich. Doch bis wann? Wann ist es genug?

»Wie fandest du unser Spiel am Wochenende?«, wandte er sich nun an mich.

Ich wollte ehrlich sein. Vor allem hatte ich keine Lust darauf, etwas zu antworten, was nicht stimmte.

»Wir haben zwar gewonnen, aber das Spiel war durchwachsen.«

»Was meinst du damit?« Mit einem interessierten Blick sah er mich an. Dabei setzte er sich auf den Stuhl hinter seinem Schreibtisch und deutete an, dass ich ebenfalls Platz nehmen sollte.

»Hätte der Gegner die Chancen in der ersten Hälfte reingemacht, hätte es auch anders aussehen können.«

»Haben sie aber nicht, oder?« Er betrachtete mich aufmerksam und lächelte höhnisch dabei.

»Haben sie nicht. Dennoch war die Konzentration nicht da. Wir waren zu ungeduldig und standen zu offen. Haben die Verteidigung vernachlässigt, sodass Montero und Werner permanent in Unterzahl verteidigen mussten. Wir haben den Gegner unterschätzt.« Ich sprach meine Meinung aus. Schließlich hatte er danach gefragt und ich wollte die Wahrheit von mir geben.

»Also bist du der Meinung, dass nicht Montero oder Werner die gegnerischen Chancen zu verschulden haben? Immerhin haben wir 3 Treffer kassiert.«

»Nein, auf keinen Fall. Da hätte jeder stehen können. Aber wenn das Mittelfeld nicht mitarbeitet, kann man als Verteidiger nichts machen.« Ich wusste nicht, weshalb er auf die Verteidigung einging. Es war offensichtlich, dass das Mittelfeld zu viele Fehlpässe machte. Vielmehr hatten wir als Mannschaft den Gegner unterschätzt.

»So, so.« Er lächelte wieder auf seine eigenartige Art.

»Viele in deiner Situation hätten darauf geschworen, dass es an den Verteidigern gelegen hat. Immerhin sind die Jungs ja auch deine direkten Konkurrenten. In all den Jahren, in denen ich Trainer war, habe ich eins gelernt. Das Team steht an erster Stelle. Es bringt nichts, sich besser stellen zu wollen, indem man andere kritisiert. Das gilt für alle Bereiche des Lebens.«

Er saß in seinem Drehstuhl, die Hände auf dem Schoß und starrte nun beim Reden den Boden an. Das tat er immer, wenn er konzentriert war. Diese Eigenheit hatte ich mittlerweile an ihm beobachten können.

»Du hast die erste Hürde im Profigeschäft gemeistert. Glückwunsch, Till!«

Ich wusste nicht genau, was er meinte. Deswegen zog ich meine Stirn etwas kraus.

»Die letzten drei Wochen habe ich einiges an Geduld von dir gefordert. Auch eben vor der Tür. Andere Spieler hätten schon drei Mal geklopft oder hätten mich angesprochen, warum sie nicht spielen. Du hast aber ein großes Ziel. Du möchtest ein großer Innenverteidiger werden. Um Großes zu meistern, muss man geduldig daran arbeiten, ansonsten scheitert man. Auch das gilt für alle Bereiche des Lebens.«

Zwar hatte ich schon geahnt, dass Glock Spielchen mit mir trieb, dennoch war es schwierig geduldig zu bleiben. Vor allem dann, wenn man Antworten haben wollte. Doch nach seiner Auflösung fühlte ich mich viel besser.

»Was bedeutet das für mich?«

»Du bist geduldig und gönnst deinen Mitspielern den Erfolg. Ab jetzt bist du wieder dabei. Du hast es ja vielleicht schon mitbekommen, aber ich erwähne es noch einmal. Montero geht es nicht gut. Er hat wieder Probleme. Am Wochenende spielst du in der ersten Elf.«

Er hob langsam seinen Kopf und sah mir durch seine Brille tief in die Augen.

»Jemandem etwas zu gönnen ist gut. Konkurrenzkampf gehört jedoch zum Geschäft. Es ist nicht immer alles Sonnenschein. Nun ist die Zeit für dich gekommen, sich zu beweisen. Wenn du deinen Platz in der ersten Elf haben möchtest, beweise es mir. Aber nicht nur mir, sondern allen. Auch dir selbst!«

TEIL 2 - WIEDERSEHEN MIT SAMIR

KAPITEL 13

Nachdem ich drei Wochen lang auf der Bank gesessen hatte, bekam ich die darauffolgenden zwei Spiele die Chance, in der Startelf zu spielen und mich dort zu behaupten. Die Spiele liefen sehr gut. Zwar holten wir nur einen Sieg und ein Unentschieden, aber die Leistung insgesamt konnte sich sehen lassen. Wir hatten gegen den Ersten der Liga nicht verloren und konnten einen Punkt gewinnen. Dies war ein wichtiger Schritt für uns gewesen. Aktuell standen wir auf einem Relegationsplatz. Im Training ging es heiß her und von meiner anfänglichen Anpassungsschwierigkeit blieb nichts mehr übrig. Die Mannschaft hatte mich vollends akzeptiert und Werner war eine große Hilfe, wenn es um das Taktische ging. Außerdem konnte ich mit ihnen Schritt halten, was mir sehr viel bedeutete.

»So, Jungs, kommt mal zusammen«, rief Glock.

Die Mannschaft versammelte sich vor dem Training im Kreis. Dabei befanden wir uns vor den Umkleidekabinen.

An Glocks Gesichtsausdruck konnte man erkennen, dass er eine Ansage für die Woche machen wollte.

»Die letzten beiden Wochen waren noch einmal eine große Herausforderung für uns. Doch wir haben sie gut gemeistert, das muss ich eindeutig sagen. Vor uns stehen noch vier wichtige Spiele. Zunächst einmal die verbleibenden drei Ligaspiele und das DVF-Pokal-Finale. Also schont euch im Training, damit ihr dann genug Kraft habt. Geht bis an die Grenze, aber verletzt euch nicht. Wir brauchen jeden Mann. Ich will keine weiteren Verletzten mehr haben.«

Glocks Ansage ließ das Übel erahnen, mit dem ich zu kämpfen haben sollte. Mitten im Training knickte ich beim Sprinten um. Mein Fußgelenk war angeschwollen. Ich konnte das Training nicht beenden und musste frühzeitig zum Arzt, damit dieser mich untersuchen konnte. Der Teamarzt schickte mich sofort zum MRT. Am nächsten Tag kam der Befund.

»Also Till, wir haben es hier mit einer Stauchung des Fußgelenks zu tun. Für dich heißt es weiterhin kühlen und den Fuß hochlagern.«

Ich betrachtete ihn verzweifelt. Doch in diesem Moment war ich genau das. Nach der dreiwöchigen Lernphase hatte ich gerade einmal zwei Spiele für den FC Buntwald gemacht. Ich wollte auf jeden Fall spielen. Alles andere wäre eine große Enttäuschung, sowohl für mich als auch für Glock, der auf mich setzte.

»Doc, wann kann ich wieder spielen?«, fragte ich den Arzt, obwohl ich nicht wusste, ob ich die Antwort darauf wirklich wissen wollte.

»Wenn alles gut läuft, in drei Wochen.«

Mit großen Augen sah ich ihn an. Im ersten Moment kam

es mir so vor, als würde er scherzen. Doch diesen Eindruck machte er nicht auf mich. Mit einem ernsten Ausdruck im Gesicht saß er hinter seinem Schreibtisch und sah mich entschuldigend an.

»Doch ich muss in zwei Wochen fit sein. Das Pokal-Finale steht vor der Tür. Ich muss da spielen.«

Der Doc war zwar vorsichtig, doch hatte er immer wieder gute Ideen, die Heilungsprozesse zu beschleunigen. Schon als ich noch bei den Amateuren war, ging ich zu ihm, um Verletzungen behandeln zu lassen. Daher hatte ich die Hoffnung, dass es auch dieses Mal so sein würde.

»Ich verstehe, und das Spiel willst du natürlich nicht verpassen. Du wirst dich zwei Wochen lang hinlegen und mit hinlegen meine ich auch wirklich hinlegen. Beine hoch und kühlen, kühlen, kühlen. Wenn du nach zwei Wochen wieder gehen kannst, werde ich mir etwas einfallen lassen, um die Restschmerzen zu lindern. Es muss aber auch mit dem Trainerstab besprochen werden. Sie müssen ihr Einverständnis dazu geben.«

Mir war klar, dass diese Chance eher gering war, dennoch musste ich es ausprobieren.

Direkt nach dem Termin ging ich zu Glock und erklärte ihm die Situation. Dabei stellte sich heraus, dass er bereits mit dem Doc gesprochen hatte und Bescheid wusste.

»Till, wir werden alles versuchen, damit du beim Pokal-Finale dabei bist. Ich habe mit dem Doc geredet und mein okay gegeben. Mach dir keinen Kopf, das wird schon bis dahin. Du bist noch jung und dein Körper heilt schnell. Ich möchte, dass du bis dahin die Füße stillhältst. Mach das, was der Doc dir auftragen hat. Dann wirst du sicherlich schnell wieder fit sein.«

Die nächsten zwei Wochen saß ich auf Anweisung des Docs zu Hause. Einerseits fühlte ich mich ausgebremst. Ich konnte nicht tun, was ich liebte. Ich konnte nicht zum Training gehen oder sonst irgendwie dem Team helfen. Doch das Profigeschäft hinterließ auch schnell seine Spuren. Andererseits kam es mir aber auch ganz gelegen. Ich konnte mich ausruhen und wieder Kraft tanken. Es blieb mir aber nichts anderes übrig, außer stillzuhalten und die Berichterstattung zu den Spielen zu verfolgen.

Als ich durch meinen Instagram Feed scrollte, erschienen ein paar Videos und Reels von Samir. Und obwohl wir uns früher kannten, folgten wir uns nicht gegenseitig. Samir war einer der bekanntesten Persönlichkeiten im deutschen Fußball und wusste ganz genau, wie er sich zu vermarkten hatte. Besonders die jüngere Generation liebte seine rebellische Art. Zwar konnte ich wirklich nicht verstehen, woher er die Zeit nahm, so viel zu posten, aber anscheinend lohnte es sich. Samir hatte nämlich vier Millionen Follower. Als ich auf sein Profil ging, dachte ich daran, ihm zu schreiben. Aber bei so vielen Followern würde er die Message wahrscheinlich gar nicht öffnen, geschweige denn bemerken. Also klickte ich lediglich auf Folgen. Dabei war mir allerdings klar, dass er sogar das nicht mal bemerken würde.

Die Müdigkeit überkam mich irgendwann und ich schlief ein. Ein lautes Vibrieren weckte mich aus den Träumen. Die drei Stunden Schlaf kamen mir jedoch nur vor wie eine Halbe. Immer noch war ich müde. Es dauerte ein paar Sekunden, bis ich wieder richtig wach war.

Doch dann war ich einen Blick auf das Smartphone und erkannte, dass sich eine Instagram Benachrichtigung bekommen hatte. Samir folgte mir zurück. Die nächsten Minuten ging ich im Kopf durch, ob ich ihm schreiben sollte oder nicht. Bestimmt ist er sehr beschäftigt und wir haben uns auch jahrelang nicht gesehen. Wenn er wollte, hätte er sich gemeldet. Ganz davon abgesehen wusste ich auch nicht, was ich schreiben sollte.

KAPITEL 14

Die letzte Begegnung mit Samir lag eine Weile zurück. Ich kannte ihn nur noch über die Zeitung und das Fernsehen, sodass ich keine Ahnung hatte, was in seinem Leben los war. Er war zwar jung, aber hatte schon einiges als Profi hinter sich. In der Boulevardpresse wurde schon oft über ihn berichtet. In einem Spiel geriet Samir mit dem gegnerischen Trainer zusammen und schubste ihn aus Versehen zu Boden, als dieser ihn daran hindern wollte, einen Einwurf schnell auszuführen. Der Aufschrei war groß gewesen. Die Zeitungen hatten es seitdem auf ihn abgesehen. Die Reporter beobachteten ihn ganz genau und schienen jeden Fehler sofort zu bemerken.

Aber ich kannte ihn und wusste, dass er dabei keine böse Absicht gehabt hatte, sondern nur schnell spielen wollte. Zu dem Vorfall muss auch gesagt werden, dass der gegnerische Trainer die Aktion willkommen hieß. Samirs Schubser war wirklich nur minimal gewesen. Eigentlich überhaupt nicht der Rede wert. Aber der Trainer ließ sich mit einer riesigen Theatralik zu Boden gehen, sodass alle darauf aufmerksam wurden. Die Presse befand ihn schuldig und verurteilte sein Verhalten als nicht vorbildlich. Er entschuldigte sich öffentlich auf einer Pressekonferenz bei dem Trainer.

Nachdem es um seine Person wegen dieses Vorfalles ruhiger geworden war, las ich in einer Zeitschrift einen Artikel über seinen Lifestyle. In diesem wurden seine Autos und Aussehen kritisiert. Er hätte einen zu ausschweifenden Lebensstil für sein Alter. Als Beispiel wurden Bilder gezeigt, wie Samir in einem Edelrestaurant vergoldetes Fleisch aß. Für die Boulevardpresse war das ein willkommenes Fressen. Auch wurde seine Persönlichkeit, nach der Tätlichkeit gegen den gegnerischen Trainer, infrage gestellt. Die Zeitungen gingen sogar so weit, dass sie seine ehemalige Freundin interviewten.

Die Ex-Freundin gab den Zeitungen genügend Informationen, womit diese ihre Kampagnen gegen Samir weiterführen konnten. Unter anderem berichtete sie ihnen von seiner Vorliebe für schnelle und vor allem teure Autos. Samir schien das alles allerdings unbeeindruckt zu lassen. Er äußerte sich zu keinem Vorfall außer dem mit dem Trainer.

Es war auch bekannt, dass Samir gerne abends unterwegs war. Eines Abends hielten ihn Reporter vor einem Club an, um ihm Fragen zu stellen. Samir fuhr ganz langsam und wollte nicht stoppen. Zu seinem Unglück stürzte sich ein Reporter vor das Auto. Dem Reporter war nichts passiert. Obwohl es seine eigene Schuld war, beschuldigten die Medien wieder Samir. Samir ließ auch das anscheinend kalt. Er lud den Reporter sogar zu einem Essen ein. Als Wiedergutmachung stellte er sich seinen Fragen. Am nächsten luden beide auf den sozialen Medien die Fotos des Abends hoch. Darauf war zu erkennen, dass sie sich in einem normalen Restaurant befanden und sich anscheinend gut verstanden.

In dieser Zeit waren seine Fans ihm alle treu gewesen und sein Ansehen bei Ihnen wuchs. Die Mehrheit der Leser verurteilte ihn dennoch. In den Kommentaren unter den Beiträgen gab es aber auch sehr viele, die ihm ein reines Gewissen attestierten und der Meinung waren, dass sein Privatleben privat bleiben sollte. Die Medienlandschaft war gespalten.

Der FK München gab ihm als Verein immer Rückendeckung seit der Verpflichtung vor drei Jahren. Der Präsident Höcker war jedoch kein Mensch, der seine Meinung für sich behielt. Er beschuldigte einzig und allein die Medien im Umgang mit Samir. Für ihn war sein Verhalten das Produkt einer Medienlandschaft, die Spieler und Prominente unter Druck setzte, weil sie nur darauf warteten, dass solche Dinge geschahen. In einem Interview hieß es im Originalton:

»Was erwarten Sie denn von einem 19-Jährigen? Der Junge ist in Akademien groß geworden, um seinen Traum des Fußballprofis zu leben. Er hat Opfer gebracht, aber darüber wird natürlich nicht berichtet. Es wird immer nur schlecht berichtet. Das ist so, wenn man beim FK München spielt. Da muss man entweder ein dickes Fell mitbringen oder sich ganz schnell eins aneignen. Samir werdet ihr aber nicht klein machen. Er ist schon in dem Alter einer unserer besten Spieler. In der Nationalelf wird er bald zum Stammpersonal gehören. Und, da könnt ihr euch sicher sein, wir werden immer hinter unseren Spielern stehen.«

Die Ansage von Höcker hatte es in sich. Tagelang berichtete die Sportpresse über ihn. Auch hier waren die Meinungen geteilt. Etwas anderes war aber nicht zu erwarten gewesen.

Doch als Samir dann im Europokal eine Glanzleistung gegen Madrid hinlegte und diese aus dem Pokal schoss, war er wieder der Beste und ließ die Kritiker verstummen. Anfang dieser Woche kam dann die Nachricht, dass Madrid ihn unbedingt als Ersatz für Gonzalez haben wollte. Es müsste für ihn eine Ehre gewesen sein, als Ersatz gehandelt zu werden. Gonzalez gehörte zu den besten Spielern aller Zeiten.

Er war nun 34 Jahre alt und nach 10 Jahren Madrid am Ende seiner Vertragslaufzeit. Madrid wollte diesen nicht mehr verlängern und konnte beim Verkauf noch eine Ablöse herausschlagen. Für Samir müsste es eine unfassbare Situation sein, sein Idol aus der Kindheit zu ersetzen. Aber nicht nur Madrid, auch Manchester und Turin waren hinter ihm her. Samir hatte sich aber nie zu den Transfergerüchten nicht geäußert. Er machte fleißig seine Social Media Storys und Videos. Zu diesem Thema äußerte er sich aber nicht. Ich allerdings hütete weiter mein Krankenbett, auch wenn es mir von Tag zu Tag immer schwerer fiel. Eines Abends rief mich meine Mutter an, um sich nach mir zu erkundigen. Wir unterhielten uns nur kurz und sie versicherte mir, zum DVF-Pokal wieder in Deutschland zu sein. Meine Eltern wollten mich unbedingt bei dem Spiel unterstützen. Also dachte ich daran, ein paar Karten zu organisieren. Dabei fiel mir Lea ein. Zwar hatten wir seit längerem keinen Kontakt mehr, aber ich wollte sie unbedingt zum Spiel einladen. Schnell schrieb ich ihr eine Nachricht. Und tatsächlich dauerte es nicht lange, bis sie sich meldete. Zu meiner Überraschung willigte sie ein und fragte mich, wie es mir ginge.

Sie wusste von meiner Verletzung. Doch das wunderte mich nicht. Wahrscheinlich hatte es bereits jeder erfahren. Ich erklärte ihr meine Situation. Auch sie ahnte, dass ich mir zu Hause wegen der Verletzung den Kopf zerbrach.

»Da du ja eh alleine zu Hause herumsitzt, macht es dir wohl nichts aus, wenn ich mit dir chillen würde.«

Ich war verblüfft, dass Lea sich selbst eingeladen hatte. Vor allem auch deswegen, weil ich damit nicht gerechnet hatte.

»Ja klar. Komm vorbei.«

Ich tat so als wäre es eine Selbstverständlichkeit für mich. Den Preis zum charmantesten Mann des Jahres würde ich aber nicht gewinnen, das war mir klar. Als Lea dann kam, war es sehr locker. Ihre Art ließ keine Anspannung zu. Sie war wirklich wunderschön. Und unter anderen Umständen hätte ich mir vorstellen können, dass sie meine Freundin gewesen wäre. Doch der Fußball hatte meine komplette Aufmerksamkeit. Wir unterhielten uns den ganzen Abend auch darüber, wie es früher war. Sie fragte mich dann, wieso ich sie nie angesprochen und gefragt hätte, ob sie sich mit mir treffen will. Ich nuschelte vor mich hin und hatte keine Antwort parat. Also trat kurz Stille ein.

»Till, ich weiß, dass du mich gut fandest. Das weiß jeder.«

Das war der Höhepunkt. Ich kam mir vor wie der Clown Emoji. Außerdem merkte ich, wie mein Gesicht knallrot vor Aufregung anlief. Anscheinend hatte ich für Lea doch mehr übrig als ich zugeben wollte. Dies war mir vorher aber nicht klar gewesen. Ich konnte kein Wort herausbringen.

»Hallo, Till. Ich rede mit dir.«

»Keine Ahnung.«

Das Einzige, was ich einem Mädchen, das ich mochte, mitteilen konnte, war ›keine Ahnung‹. Anscheinend hatte ich durch das ganze Fußballspielen, jeglichen Sinn zum Führen einer Unterhaltung verloren. Ich spürte auch eine gewisse Anspannung in ihrer Stimme. Es kehrte wieder kurze Zeit Stille ein. Sie setzte sich neben mich auf die Couch. Dann drehte sie sich abrupt in meine Richtung und umarmte mich. Wir fielen uns beide in die Arme. Eine schnelle Bewegung sorgte dafür, dass mir der Fuß so wehtat, dass ich laut schreien musste. Lea schaute mich an und konnte sich vor Lachen kaum halten.

KAPITEL 15

Es war nur noch eine Woche bis zum DVF-Pokal-Finale. Die letzten zwei Wochen hielt ich mich an den Rat des Docs, kühlte meinen Knöchel und hielt ihn still. Lea war in dieser Zeit fast jeden Tag da und half mir bei den alltäglichen Sachen. Ich weiß gar nicht, was ich ohne sie getan hätte. An diesem Tag war der Termin beim Doc um 11 Uhr.

»Was macht der Fuß, Till?«

»Bislang alles gut. Ich denke, dass ich auf jeden Fall spielen kann.«

»Dann lass uns das mal genauer begutachten.«

Der Doc checkte meinen Fuß. Beim Abtasten spürte ich, dass ich hier und da noch Schmerzen hatte, doch ich tat so, als wäre alles fein. Er wollte auch wissen, ob ich springen konnte. Also stand ich auf. Ich sollte die Bewegungen nachmachen, die er vollführte. Alles verlief ganz gut, bis er von mir verlangte, mit einem Bein hochzuspringen. Der Sprung war schmerzfrei, beim Aufkommen hatte ich jedoch höllische Schmerzen. Ich versuchte das stechende Gefühl zu unterdrücken. Also biss ich die Zähne zusammen. Der Doc musterte mich aufmerksam und befahl mir, noch eine Übung zu machen. Auch diese Übung löste Schmerzen aus.

»Okay, okay, das reicht erst mal. Hattest du keine Schmerzen?«

»Nein Doc, alles in Ordnung.«

Er betrachtete mich über seine fast bis zu den Nasenlöchern heruntergezogene Brille.

»Weißt du, Till, ich mache das hier schon seit dreißig Jahren und ich kann es sehen, wenn ein Patient Schmerzen hat, auch wenn er es nicht zeigen möchte.«

Ich wollte darauf bestehen, dass ich keine Schmerzen hätte. Aber mir war bewusst, dass der Doc zu erfahren war und mich beim Lügen ertappt hatte.

»Gehen wir das Ganze mal sachlich an. Vor mir sitzt ein Patient, der 19 ist und meint, keine Schmerzen zu haben und zum Pokalfinale fit sein möchte. Stimmt das?«

»Ja Doc, das ist im Moment, das Einzige, was für mich zählt«, stimmte ich ihm zu.

»Das kann ich verstehen. Wenn ich in deinem Alter wäre, würde ich auch kein Pokal-Finale verpassen wollen, wenn ich die Chance hätte, daran teilzunehmen. Ich meine, wie oft hat man die Chance dazu? Jedem anderen Patienten würde ich jetzt weiterhin Ruhe anordnen. Was ich auch dir anordnen werde. Doch ich werde mit Glock sprechen und ihm sagen, dass du Donnerstag wieder fit bist. Somit könntest du beim Abschlusstraining mitmachen. Aber dafür bitte ich dich, dich noch bis Donnerstag zu gedulden. Weiterhin kühlen und Mittwoch, also übermorgen, kommst du wieder hierher.«

»Danke, Doc.«

Während ich sprach, stand ich auf und drehte mich gleichzeitig um. Dann griff ich nach dem Türgriff und drückte sie nach unten.

»Moment, bitte.«

Gerade als ich rausgehen wollte, stoppte er mich aber noch einmal.

»Die hier nimmst du bitte morgens und abends ein.« Mit diesen Worten reichte er mir eine kleine Schachtel.

»Doc, was ist das.« Ich hatte wirklich keine Lust, illegale Mittel einzunehmen.

»Das ist eine zu Tabletten gepresste Kräutermischung. Sie ist bekannt für ihre entzündungshemmende Wirkung. Besonders bei den Ureinwohnern Amerikas waren die Kräuter weit verbreitet. Mit der Zeit haben sie ihren Weg auch zu uns nach Europa gefunden.«

»Wow und die Tabletten helfen?«

»Im Grunde sind es Presslinge und ja, sie helfen. Aber bitte erzähl Glock nichts davon. Er glaubt nicht an natürliche Heilung.« Er verzog ein wenig das Gesicht, sodass ich leise lachen musste.

Ob Glock daran glaubte oder nicht, interessierte mich nicht. Ich wollte einfach nur fit werden. Bis Mittwoch war ich wieder zu Hause angekettet. Doch ich wusste, dass es zu meinem Besten war. Gerade, als ich die Tür schloss, vibrierte mein Telefon. Glock hatte geschrieben.

»In einer halben Stunde bitte bei mir im Büro!«

Was er wohl wieder wollte? Hatte er etwa mit dem Doc gesprochen und sich dazu entschieden, mich doch nicht aufzustellen? Dieser Gedanke sorgte dafür, dass ich ein wenig den Kopf hängen ließ. Dennoch ging ich wieder zu meinem Wagen und fuhr los. In meinem Kopf kreisten wieder die Gedanken. Das wichtigste Spiel des Jahres stand bevor. Auf dem Weg hoffte ich, dass ich keine schlechten Nachrichten bekam. Ich kam auf dem Vereinsgelände an. Die Parkplätze waren leer. Vor dem Eingang sah ich schon von weitem Werners SUV und Glocks Kombi stehen. Ein Blick auf die Uhr verriet mir, ich war noch nicht zu spät. Im Foyer saßen ein paar Funktionäre, die ich flüchtig begrüßte, während ich an ihnen vorbeiging. Einer wollte, dass ich ihm ein paar Fragen beantwortete, doch dafür hatte ich keine Zeit. Deswegen lächelte ich nur freundlich und verwies ihn auf den Verein. Glocks Tür stand halb offen, als sie in meinem Sichtfeld erschien. Also klopfte ich kurz an und steckte mein Kopf in sein Büro.

»Ah, Till. Komm rein. Werner und ich schauen uns gerade die Aufnahmen des FK München an.«

Mir fiel ein Stein vom Herzen. Ich dachte schon, dass er mich auf meine nichtgenesene Verletzung ansprechen wollte.

»Ich meine, jeder kennt die Münchener, aber eine Spielanalyse ist ganz anders. Die Analysten des Vereins haben die letzten Spiele unter die Lupe genommen und da gab es etwas, was wir mit dir besprechen wollten.«

Was zur Hölle wollten die von mir? Ich wusste über den FK München auch nicht mehr, als der durchschnittliche Ligazuschauer.

»Okay, ich bin ganz Ohr.«

»Samir Malik. Der Name sagt dir doch was?« Glock lächelte und Werner schob einen Zahnstocher in seinen Mund.

»Ja, wir sind zusammen aufgewachsen.«

»Guck, ich habe es dir doch gesagt, Glock. In jedem

Fußballportal kannst du das nachlesen.« Werner und Glock redeten miteinander wie zwei alte Kameraden, die einige Schlachten zusammen gewonnen hatten. Anscheinend interessierte sich Werner auch für meine Vergangenheit als Jugendfußballer.

»Wie gut kennst du ihn?«

»Wir haben circa vier Jahre fast jeden Tag zusammengespielt. Kommen beide aus der gleichen Gegend.«

»Glock, du musst ihn spielen lassen. Der Junge wird ganz genau wissen, wie man Malik aufhält.«

»Die letzten fünf Jahre hatte ich aber keinen Kontakt zu ihm«, wandte ich noch ein.

Glock lehnte sich in seinem Drehstuhl zurück und verschränkte die Arme. Das Gesicht wieder auf den Boden gerichtet, dachte er nach.

»Glock, Montero ist gut, zurzeit auch besser als Till, aber Montero wird Malik nicht aufhalten können. Auch ich werde es nicht können. Die Zweikämpfe würde ich gewinnen, aber bei seinem Tempo kann ich nicht mithalten.«

»Lass mich mal kurz nachdenken, Werner.« Glock betätigte die Maus und klickte ein paar Videos an.

»Okay Leute, schaut euch mal die Videos an.«

Werner und ich stellten uns hinter ihn und betrachteten die Videos der Analysten. Ich hatte eine Spielanalyse bis zu dem Zeitpunkt noch nie gesehen. Videos wurden stellenweise bunt und farbig markiert. Auf dem Bildschirm erschienen Zonen und die Laufwege. Mehrere Dateien mit den Namen der jeweiligen Spieler der gegnerischen Mannschaft waren hinterlegt. Glock klickte auf ›Malik‹.

»Okay, Werner, wenn du recht hast, wird er wissen, welchen Laufweg Malik nehmen wird.«

Glock ging etwas zur Seite und wollte, dass ich erriet, wie Samir laufen wird. Er zeigte mir nur eine kurze Sequenz der Aufnahme und was anschließend passieren würde, sollte ich ihm mitteilen.

»Also Junge, los geht's. Das erste Video ...«

Wir schauten uns circa 15 Aufnahmen an. Nach jeder meiner Voraussagen schrie Werner mit dem Zahnstocher im Mund: »Glock, ich sage es dir doch.«

Und immer wieder entgegnete Glock: »Okay, noch eine Aufnahme«. Ich kannte jede Bewegung von Samir und konnte genau sagen, wie er sich verhalten würde. Nach etwa 20 Aufnahmen bemerkte Glock: »So, das reicht. Du kennst Malik in- und auswendig. Du spielst. Aber kein Wort zu den anderen. Ich werde es im Training offiziell verkünden.« Automatisch sah ich zu Werner. Dieser sprang mit einem breiten Strahlen im Gesicht auf, als hätte Glock ihm die Chance gegeben.

»Gute Entscheidung Glock. Du wirst es nicht bereuen!«

Auch dies war eine neue Erfahrung für mich. Werner hatte soeben Glock davon überzeugt, mich spielen zu lassen. Doch was hatte er davon? Montero war in Form und ich lag seit zwei Wochen im Bett.

»Warum willst du unbedingt, dass ich spiele?«, erkundigte ich mich also.

»Till, ich habe wirklich keine Lust, das ganze Spiel über Malik hinterherzurennen.« Er lachte.

»Und das ist der Grund?«

»Ja! Was sonst?«

»Also, wir sehen uns Donnerstag beim Abschlusstraining«, verkündete nun Glock und unterbrach so unsere Unterhaltung.

Die nächsten zwei Tage gingen nur langsam vorbei. Am Mittwoch ging ich noch einmal zum Doc, um mich untersuchen zu lassen. Er ließ mich alle Übungen wiederholen und fragte nach meinem Schmerzempfinden. Ich antwortete diesmal ehrlich und behielt nichts für mich. Vor allem, weil ich wusste, dass es eh nichts bringen würde. Es war noch etwas schmerzhaft, aber nicht mehr so sehr wie beim letzten Mal. Der Doc musterte mich und meinte, dass alles in Ordnung sei, worüber ich erleichtert war.

»Ich gehe davon aus, dass die Entzündung abgeklungen ist. Das Gewebe hat heftig unter dem Erguss gelitten. Es werden sich noch Stellen um das Gelenk befinden, an denen noch weitere kleinere Ergüsse vorhanden sind. Aber auch die werden mit der Zeit verschwinden.«

»Also, bedeutet das ...«

»Das bedeutet, auch wenn ich dir jetzt sagen würde, warte noch eine Woche, würdest du es nicht wollen. Glock hat sowieso entschieden, dich spielen zu lassen. Aus diesem Grund sehe ich keinen Sinn darin, dir in irgendeiner Weise von dem Spiel abzuraten. Aber du solltest auch wissen, dass eine weitere Verletzung an der gleichen Stelle dich Monate außer Gefecht setzen könnte. Und auf lange Sicht können solche kleineren Verletzungen die Karriere gefährden. Deswegen musst du vorsichtig sein.«

Mir war es total egal, ob ich Monate aussetzen müsste, für mich war die Hauptsache, dass ich im Finale spielte.

»Also, ich werde dir jetzt eine entzündungshemmende Spritze ins Fußgelenk geben. Im Prinzip wirkt sie sofort. Du wirst den Fuß noch bis morgen kühlen. Wenn du auf dem Platz bist, versuch direkt ein paar Sprungübungen. Wenn die Spritze wirkt, wirst du es direkt merken. Ansonsten musst du mit Schmerzen spielen oder komplett aussetzen.«

Der Doc holte eine trübe, weiße Flüssigkeit aus dem Kühlschrank und bat seine Assistentin um eine Spritze. Er zog die Flüssigkeit aus der Ampulle und spritze es mir an verschiedene Stellen in das Fußgelenk.

»So Till, jetzt solltest du bereit sein für das Finale«, verkündete er dann.

KAPITEL 16

Die Trainingseinheit am Donnerstag verlief besser als erwartet. Doch es war alles so, wie der Doc es vorausgesagt hatte. Ich hatte keine Probleme mehr, weder beim Sprinten noch beim Springen. Nach dem Training schickte ich ihm noch eine Nachricht, um mich aufrichtig bei ihm zu bedanken. Er entgegnete nur: »Zeig's ihnen.« Den Freitag vor dem Spiel verbrachte ich allein im Hotelzimmer. Glock hatte uns allen den Tag freigegeben, sodass wir noch einmal zu Kräften kommen konnten.

»Leute, ich bin nun seit 30 Jahren im Geschäft und manchmal ist es besser, Druck abzulassen, statt aufzubauen.«

Er wollte damit andeuten, dass wir die letzten Wochen gepowert hatten, und uns mit einem freien Tag vor dem Finale belohnen sollten. Neun Spiele, acht Siege, ein Unentschieden. Aktuell belegten wir den Relegationsplatz zur 1. Liga und in einem Tag spielten wir um den deutschen Pokal in Berlin. Es gab wohl keinen besseren Anlass, die Kräfte und Nerven zu schonen. Ich nutzte die Gelegenheit, um mich unbemerkt in Berlin herumzutreiben. Dabei trug ich einen dunklen Pullover und hatte meine Mütze so sehr in mein Gesicht verzogen, dass ich mir sicher sein konnte, dass mich niemand erkannte. Seit Tagen war ich ständig von meinem Team umgeben gewesen. Deswegen brauchte ich etwas Zeit zum Nachdenken. Die Straßen waren voll mit den Fans beider Teams. Im Vorbeigehen an Fußball-Kneipen sah ich die Vorberichte zu dem Spiel, die auf den Bildschirmen der Fernseher liefen. Ich wollte schon alleine deswegen nicht erkannt werden, da ich gesehen hatte, wie die Zeitungen mit Samir umgingen. Ich wollte mir das, was ich mir erarbeitet hatte, nicht ruinieren lassen.

Bis zu diesem Tag hatte ich kämpfen müssen. Vor zwei Monaten sah ich mir die Auslosungen zum DVF-Pokal in der Kabine an, nicht ahnend, was für eine Bedeutung das alles für mich haben würde. War das hier alles Glück? War ich einer von denen, denen man nachsagt, dass sie einfach nur Glück hätten? Ja, vielleicht. Die Chance, dass drei Spieler gleichzeitig verletzt waren und ich dadurch so eine Gelegenheit bekommen würde, war ziemlich gering. Das war sogar mir bewusst.

Dennoch passierte es. Doch was war bis dahin passiert? Ich hatte mich zwei Jahre in der zweiten Mannschaft gedulden müssen. Hatte Höhen und Tiefen durchleben müssen. Ich hatte teilweise keine Aussichten auf eine Chance. Es war niemand da gewesen, der mir den roten Teppich ausrollte. Bis dahin musste ich kämpfen. Auch die etlichen Trainingseinheiten nach dem Fußballtraining im Kraftraum.

Das alles führte nicht dazu in der ersten Mannschaft zu

spielen. Nur ein Zufall brachte das ersehnte Glück herbei. Doch ich war bereit und nahm die Gelegenheit an. All die Jahre führten mich hierhin. Aber vielleicht war es auch kein Glück, sondern einfach harte Arbeit, die belohnt wurde. Während ich darüber nachdachte, lief ich weiter durch die Straßen Berlins. Was wollte ich eigentlich? Vor paar Wochen zitterten mir noch die Knie, als ich davon erfuhr, für die erste Mannschaft zu spielen.

Jetzt war es so weit, dass ich mich beim Spaziergang durch Berlin vor den Fans verstecken musste. Wie hatte ich mich in einer so kurzen Zeit von einem, der sich kaum was zutraute, zu jemandem entwickeln können, für den es kein Halten mehr gab. Sogar ärztlichen Rat nahm ich nicht an. Ich hörte nicht mal zu. Ich dachte nur noch an das Finale. Nie war ich fokussierter gewesen. Wieder erkannte ich, dass ich bereit war und dass das alles kein Zufall sein konnte. Ich hatte nicht vom Pech anderer profitiert, ich hatte es mir erkämpft.

Nach einer Stunde kam ich wieder im Hotel an, wo ich die Hintertür benutzte. Vor dem Rausschleichen hatte ich dem Pagen etwas Geld zugesteckt und ihn darum gebeten, mir die Hintertür aufzuhalten. Er hielt sein Wort. Auf den ersten Blick konnte ich erkennen, dass die Hotellobby nur mäßig besucht war, also setzte ich mich kurz an die Hotelbar und bestellte mir Orangensaft. Was anderes wäre einen Tag vor dem Spiel nicht angebracht gewesen. Kurz sah ich mich um und betrachtete die kleinen Tische, die überall verteilt waren.

Es gab sogar ein Klavier, welches in der hintersten Ecke des Raumes stand und in dem schwachen Licht schwarz schimmerte. Als der Barmann mir das Glas vor die Nase stellte, merkte ich wie sich jemand neben mich gesellte.

»Na Kleiner, noch wach?«, ertönte die Stimme von Werner dicht neben mir.

»Konnte nicht schlafen.«

»Hab's gemerkt. Wie ist Berlin so bei Nacht?« Werner wusste also, dass ich mich herausgeschlichen hatte.

»Super.«

Dann erzählte er mir von dem Finale des Europapokals der Champions vor sechs Jahren. Damals spielte er bei den Rovers und Glock war sein Trainer.

»Wir hatten so einiges gewonnen. Doch der Europapokal der Champions war das Maß aller Dinge. Um überhaupt ins Finale zu kommen, haben wir drei Anläufe gebraucht. Zweimal haben wir dann das Finale verloren. Doch Glock hat uns immer weiter motiviert. Auch der Vorstand des Vereins stand geschlossen hinter Glock und seiner Taktik.«

Er nahm einen Schluck Wasser, das er nicht einmal bestellt hatte. Anscheinend kannte ihn der Barmann schon. Werner stand schon 2-mal im DVF-Pokal-Finale. Gewonnen hatte er ihn aber noch nie.

»War es denn nicht zum Verzweifeln, das Finale zu verlieren und das auch noch zweimal?«

»Wenn du verlierst, erinnert sich niemand an dich. Es interessiert niemanden, wie oft du verlierst. Kein Mensch hält Bücher über Niederlagen in den Händen. Die Geschichte schreiben die Gewinner. Es wird keiner darauf schauen, wie oft wir verloren haben. Für mich war es schwer, das zu begreifen. Aber Glock hatte nie aufgegeben. Er machte immer weiter.«

Anfänglich fiel es mir schwer, zu verstehen, was Werner damit meinte. Doch dann verstand ich es.

»Es zählt nicht, wie oft du triffst, sondern wie oft du kassierst und trotzdem weitermachst. Du musst nur einmal mehr als der Gegner treffen.«

Er trank sein Glas aus und stand dann auf.

»Also, Kleiner, ich gehe ins Bett. Das solltest du auch tun, wenn du morgen fit sein willst gegen deinen Kumpel.«

KAPITEL 17

»Herzlich willkommen, meine Damen und Herren, zu der Vorberichtserstattung des DVF-Pokals.« Das Pay-TV fing schon am Mittag an, über das Finale zu berichten. Nach der Besprechung am Vormittag hatten wir noch zwei Stunden Zeit bis zur Abfahrt zum Stadion, die wir nutzen konnten, um noch einmal Kräfte zu tanken und zur Ruhe zu kommen. Ich legte mich auf das Bett und machte es mir gemütlich, während ich gleichzeitig nach der Fernbedienung griff und den Fernseher einschaltete. In der Sendung wurde zunächst die Mannschaft des FK München vorgestellt.

Mir ging die Frage durch den Kopf, ob es jemanden in Deutschland gab, der den FK München nicht kannte. »In der besten Form seit fünf Jahren und seit 30 Spielen ungeschlagen«, hieß es in der Berichterstattung. Der FK München hatte seit 30 Pflichtspielen nicht verloren. Das musste man sich erst einmal auf der Zunge zergehen lassen. Sie waren im Pokalfinale, spielten um die Meisterschaft und hatten zudem noch in zwei Wochen das Finale des Europapokals der Champions gegen United. Leise klopfte es an der Tür. Nachdem ich mich ein Stück aufgerichtet hatte, rief ich, dass derjenige hereinkommen kann, der sich da befindet. Noch in der gleichen Tür öffnete sich die Tür und Werner kam in mein Zimmer. Er legte sich auf das Bett meines anderen Teamkollegen Martin und forderte mich in seiner direkten Art auf: »Mach mal lauter«.

Nachdem die gesamte Statistik aufgezeigt worden war, wurden nun die Mannschaften und ihre Schlüsselspieler vorgestellt. Es wurden drei Spieler der gegnerischen Mannschaft eingeblendet. Hermann, Schneider und Malik. Der Moderator, ein ehemaliger, dänischer Fußballspieler, analysierte jetzt die Spieler im Detail. Zunächst wurden die Stärken des Torhüters Hermann vorgestellt. »Er gehört wohl zu den besten Torhütern der Welt. Der beste auf der Linie und reaktionsstark. Besonders hervorzuheben ist sein Spiel mit dem Ball. Meistens ist er das gesamte Spiel als Libero unterwegs.« Werner brach sein Schweigen. »Schwach bei hohen Bällen. Das wird natürlich nicht erwähnt.«

Neugierig drehte ich mich in seine Richtung und erkundigte mich, wie er darauf kam. »Ich sehe mir fast alle Spiele der 1. Liga an. Hermann gehört zu den besten Torhütern der Welt, aber bei hohen Bällen ist er unsicher. Er weiß meistens nicht, wann er rauskommen muss aus dem Tor.« Für mich gab es keinen besseren als Hermann, aber ich hatte ihn nie so kritisch betrachtet, wie Werner es getan hatte. Es ging weiter mit Schneider. »Schneider wird heute wohl wieder der Dreh- und Angelpunkt im gesamten Spiel der Münchener sein. Der Nationalspieler ist technisch brillant und spielt mit der geringsten Fehlpassquote in ganz Europa. Auch er gehört, wie Herrmann, dem Weltmeisterkader der Nationalmannschaft an.« Schneider war das Gehirn des FK Münchens. Er machte kaum Fehlpässe und war taktisch sehr versiert.

»Till, auf Schneider müssen wir am meisten aufpassen. Wenn er es schafft, Malik anzuspielen, wird es schwer. Zwar bin ich mir sicher, dass du ihn aufhalten kannst, aber dennoch sollten wir es nicht darauf ankommen lassen. Wir müssen mit der Vierer-Kette eng und kompakt stehen, sodass sich keine Lücken öffnen. Wenn Schneider nicht ins Spiel kommt, wird das gesamte Team nicht ins Spiel kommen. Um ihn werde ich mich kümmern.«

Als letztes erwähnte die Moderation Samir.

»Der Youngster des FK München kommt in dieser Saison auf 40 Einsätze mit 35 Scorerpunkten. Er bricht schon mit seinen 20 Jahren alle Rekorde. Vor ihm war kein 20-Jähriger so erfolgreich. Da wundert es einen nicht, dass Madrid ihn unbedingt haben will. Heute spielt er wie gewohnt als linker Außenstürmer. Ich denke, wir können uns auf seine Dribblings freuen.«

Über Samir wurde am längsten berichtet. Wir blickten auf die Statistiken und Tore, die angezeigt wurden, ohne ein Wort zu wechseln. Bei all den Geschehnissen der letzten Wochen, hatte ich vergessen, was für ein grandioser Spieler Samir geworden war. Zwar war ich im Büro noch der Meinung, dass ich es mit ihm aufnehmen konnte, doch nach der Berichterstattung kamen wieder Fragezeichen in meinem Kopf auf.

»Wenn du denen da im Fernsehen glaubst, wirst du immer an dir zweifeln. Mach einfach dein Ding. Sieh es dir an, aber lass es nicht zu nah an dich ran.«

Werner hatte recht, ich konnte in diesem Moment sowieso nichts ändern.

»Die Antworten sind auf dem Platz, Junge. Die im Fernsehen wollen nur Sensationen verbreiten. Das ist ihre Aufgabe. Meistens haben die keine Ahnung.«

Seine Worte sorgten dafür, dass ich mich wieder beruhigte. Die Berichterstattung ging nun auf unsere Mannschaft ein. Auch hier wurden die drei wichtigsten Spieler eingeblendet. Es waren Werner, Perez und Traore. Wir verstanden es nicht ganz. »Ich sage es dir doch. Die haben keine Ahnung, wovon sie sprechen.« Werner fing an, laut zu lachen. Der Grund war, dass Traore nicht einmal im Kader stand. Er hatte sich im Training verletzt und so richtig Fahrt hatte er diese Saison nicht aufnehmen können.

»Findest du nicht, dass Nielsen besser ist?«, fragte ich Werner.

Werner fuhr sich vor Verzweiflung mit der Hand über die Stirn.

»Natürlich. Nielsen ist diese Saison unser bester Mann. Ich frage mich manchmal wirklich, wer diese Berichterstattungen recherchiert. Aber gut, wir sind ja auch nur ein Zweitligist. Da gibt man sich bestimmt nicht so viel Mühe.«

Werner schüttelte nur noch den Kopf. Als über ihn berichtet wurde, wurde er ganz still.

»Werner gegen Malik, das Duell des Abends. Erfahrung gegen Unbekümmertheit.«

Das Fernsehen ging davon aus, dass Werner Samir decken würde. Natürlich konnten sie Glocks Schachzug nicht erahnen. Auch München würde also dementsprechend eingestellt sein.

»Okay, es gibt auch etwas Gutes an der ganzen Geschichte. Keiner weiß, dass du gegen Samir spielen wirst. Das könnte ihr ganzes Spiel durcheinanderbringen.«

Wir versammelten uns in der Hotellobby. Eine halbe Stunde vor Abfahrt sollten wir unten sein. Die Mannschaft war komplett. Ich beobachtete durch die Glasfassade das Gewusel an Zuschauern. Es waren auch einige Kamerateams da.

Glock rief uns alle zusammen. Er wollte noch eine kleine Ansprache vor der Fahrt halten. Es freute ihn, dass wir alle pünktlich erschienen waren.

»Also Leute, es ergibt keinen Sinn, in der Lobby zu verweilen. Wir fahren jetzt schon los. Auf geht's.«

In der Lobby machte sich eine Aufbruchsstimmung breit. Als wir aus dem Hotel liefen, ging der Jubel der Fans los. Glock rief von hinten

»Weitergehen. Keine Autogramme! Heute nicht! Konzentriert euch aufs Spiel.«

Der Mannschaftsbus war umzäunt von Metallabsperrungen. Davor standen Sicherheitspersonal in zwei bis drei Metern Abstand zueinander. Ohne mich ablenken zu lassen, lief ich in den Bus. Ich zog mir dieses Mal Kopfhörer auf, um mich besser zu konzentrieren. Im Bus saß ich wieder neben Werner. Dieses Mal hatte Werner keine Kopfhörer auf. Es waren nur noch Stunden bis zum Finale und ich fing allmählich an, die Anspannung zu genießen. Wer wüsste schon, wann ich so etwas wieder erleben durfte. Ich schloss die Augen und lehnte mich zurück. In den Gedanken komplett beim Finale versuchte ich, mir meine Aktionen im Spiel vorzustellen. Als wir eine Weile gefahren waren, stupste mich Werner an. Ich zog einen Hörer ab.

»Was gibt's?«

»Mach die Musik aus.«

»Warum?«

»Bei so einem Spiel musst du die Atmosphäre genießen. Das hier ist nicht alltäglich.«

Wir fuhren auf eine Menschenmasse zu. Allesamt Buntwald-Fans. Der Mannschaftsbus wurde langsamer. Wir waren vor dem Stadion angekommen. Die Straße zu den Katakomben im Stadion war komplett abgesperrt. Unzähliges Sicherheitspersonal hielt eine Masse an Fans auf, vor den Bus zu laufen. Überall sahen wir blaue und weiße Rauchwolken. In dem Rauch waren Menschen jeden Alters und Geschlechts zu erkennen. Sie sangen allesamt den Vereinssong. Hier und da gab es welche, die mit einem Megafon die Masse aufheizten. Einer sprang durch die Absperrungen und lief direkt auf den Bus zu. Die Securitys fingen ihn ab und ein Raunen ging durch die Masse. Die Stimmung war aufgeheizt, anders konnte man es nicht bezeichnen. FC Buntwald hatte zuletzt vor 36 Jahren ein Pokal-Finale bestritten. Der damalige Gegner war ebenfalls der FK München. Wahrscheinlich würden sich nur die wenigsten daran erinnern können. Glock stand auf und nahm das Mikrofon in die Hand. Ich erwartete eine Ansprache von ihm. Doch er hielt es kurz und knapp.

»Seht euch um. Wenn ihr auf dem Platz seid, spielt ihr auch für die Menschen da draußen.«

Mehr brauchte er auch nicht von sich zu geben. Die Atmosphäre war atemberaubend.

»Auf geht's, Jungs. Konzentration!«, rief Werner.

Als wir zum Warmmachen aufliefen, jubelte das Stadion. Das Berliner Olympiastadion hatte eine Kapazität von fast 75.000 Zuschauern. Ich erkannte keinen einzigen freien Platz. Die Zuschauer waren schon Stunden vorher ins Stadion gekommen. Werner rief mich.

»Till, lass uns paar Pässe spielen.«

Normalerweise sollten wir uns vor dem Spiel zunächst ohne den Ball warmmachen. Heute gab es eine Ausnahme.

»In solchen Spielen ist es besser, wenn du locker bleibst. Gewöhne dich an den Rasen und den Ball.«

Obwohl wir gestern unser Abschlusstraining im Stadion gemacht hatten, fühlte sich der Rasen wie Neuland für mich an. Es ging wieder ein Jubel im Stadion los. Ich sah hinter Werners Rücken die Spieler des FK München auf das Spielfeld kommen. Als Letztes kam Samir aufs Feld. Hin und wieder schielte ich zu den Münchenern hinüber. Das Aufwärmprogramm hielten sie kurz und zu meiner Überraschung auch sehr locker. Als sie schließlich Bälle auf Hermann schossen, kam ich mir wieder wie ein Amateur vor. Hermann lag fast bei jeder Parade einen Meter über dem Boden in der Luft. Er wehrte beinahe jeden Schuss mit Leichtigkeit ab.

»Konzentriere dich aufs Spiel, Till«, rief Werner.

Das Aufwärmen ging dem Ende entgegen. Als wir das Spielfeld verließen, applaudierte die Kurve der Buntwald-Fans. Ich hörte nur noch das hallende Geräusch der Stollen auf dem Gang zur Kabine. Mit jedem Schritt kamen sie mir lauter vor. In meinem Kopf entstand eine Leere. Das Spiel hatte meine komplette Aufmerksamkeit.

»Ihr habt genau fünf Minuten Leute. Macht euch fertig «, rief der Co-Trainer.

Ich setzte mich auf meinen Platz, band mir die Stutzen zurecht und drehte mich um, um das Trikot anzuziehen, welches hinter mir hang. Müller. 23. Die Kabine wurde immer stiller. Wir warteten, bis sich die letzten fertig gemacht hatten.

»Auf geht's, Leute. Seid ihr fertig?«

Als dann Ruhe einkehrte, fing Glocks Ansprache an. Er wirkte angespannt.

»Als die Saison anfing, hätte wohl keiner einen Cent darauf gewettet, dass wir heute hier im Finale stehen. Noch nicht einmal wir selbst. Doch, dass wir heute hier stehen, ist kein Zufall. Es ist auch kein Glück. Zufälle passieren und keiner da draußen weiß, was passieren wird. Es ist auch kein Glück. Wir haben es uns verdient. Die ganze Saison über haben wir hervorragende Arbeit geleistet. Harte Arbeit. Und harte Arbeit ist kein Glück. Wir haben es verdient. Als ein Team. In zehn Minuten beginnt das größte Ereignis unserer Profikarriere. Entweder gehen wir raus und spielen als Team oder wir gehen unter. Das heutige Finale wird durch Kleinigkeiten entschieden. Kleine Fehler werden uns dazu zwingen unterzugehen, aber auch Kleinigkeiten werden uns wieder nach oben bringen. Wir haben die Wahl. Der Teufel steckt im Detail. Kleine Fehler, die sich anhäufen, werden sich zu einem großen aufaddieren. Und jede Kleinigkeit, die wir richtig machen, wird uns zum Sieg führen. Eine Millisekunde, kann dazu führen, dass wir eher am Ball sind oder auch nicht. Es sind die Kleinigkeiten! Und ich gebe euch die Garantie, dass der Moment kommen wird, an dem wir nicht weiterwissen. Dann heißt es wieder, haltet an unserem Ziel fest. Bleibt positiv und zieht euch Stück für Stück hoch. Zieht eure Mitspieler Stück für Stück hoch. Jeder, der ein Stück besser wird, verbessert auch seinen Mitspieler. Ich kann nur versuchen, euch zu motivieren. Doch das kleine Stück zwischen Sieg und Niederlage, das ist in euch. Das Stück zwischen Erfolg und Scheitern, das liegt auf dem Platz. Ihr müsst für jeden Zentimeter kämpfen. Jeder Zentimeter kann heute zwischen Erfolg und Scheitern entscheiden. Jeder gewonnene Zweikampf, jedes gewonnene Duell wird uns heute zum Sieg tragen. Und das ist Fußball. Das ist ein Team. Ein Stück besser sein als der Gegner. Mehr nicht.«

Wir klatschten und bejubelten die Ansprache. Werner stand auf.

»Und jetzt zeigen wir es den Münchenern.«

Es ging los.

KAPITEL 18

Kurz vor dem Auflaufen auf das Spielfeld standen wir in den grau gestrichenen Katakomben den Münchenern gegenüber. Werner führte unsere Mannschaft, mit einem Wappen in der Hand, an. Als ich mich umsah, konnte ich Samir nirgends erblicken. Auf jeden Fall wollte ich ihn begrüßen.

Der Linienrichter lief an jedem Spieler vorbei und kontrollierte die Hosen und Stollen. Als er an mir vorbeiging, drehte ich mich kurz um und erblickte Samir. Er stand vollkommen konzentriert da. Ich trat aus der Reihe, um in seine Richtung zu gehen. Meine Mitspieler beobachteten mich.

»Hey, Samir, lang nicht gesehen, wie geht es dir?«

Seine Stimme klang wesentlich tiefer, als ich es in Erinnerung hatte.

»Jo, Till, was geht ab? Alles gut soweit und wie geht's dir?«

Ich spürte eine gewisse Kälte in Samirs Stimme, dachte

mir aber nichts dabei. Ich bedankte mich und wünschte ihm viel Glück.

Samir rief mir hinterher: »Warum hast du nicht geantwortet, Bro?«

Ich wusste nicht genau, was er meinte. »Geantwortet? Worauf?« Ich war verwirrt.

»Habe dir nach dem Halbfinale geschrieben. Aber du hast nicht geantwortet.«

Von vorne erklang eine Stimme: »Es geht los, Leute.« Ich wünschte Samir nochmals viel Glück und ging weiter nach vorne in die Reihe. Doch was Samir meinte, wusste ich nicht genau. Er hatte mir geschrieben? Hatte ich da etwas übersehen?

Die Stimmung kochte, als wir nach draußen gingen. Die Zuschauer beider Seiten feuerten die Mannschaften an. Unsere Taktik für die erste Halbzeit war es, tief zu stehen, um den schnellen Gegenspielern keine Gelegenheit für schnelle Läufe zu geben.

»Wenn ihr tief steht, gibt es keine Räume, in die sie hereinlaufen können. So können sie ihre Schnelligkeit nicht ausspielen«, erklärte Glock. So versprachen wir uns, den Gegner in Schach zu halten. Die ersten Minuten verliefen ruhig. FK München war im Ballbesitz und spielte sich mit sicheren Pässen in das Spiel. Wir ließen sie spielen. Samir war ganz in meiner Nähe. Als der erste Pass zu ihm kam, stand ich eng an ihm und konnte seinen Lauf abblocken. »Genauso«, rief Werner.

»Keine Zweikämpfe, blocke ihn nur.«

Es war komisch gegen Samir zu spielen. Zwar waren wir im DVF-Pokal-Finale, aber mir hing Samirs Satz immer noch im Kopf.

»Sorry, Samir, dass ich deine Nachricht nicht gesehen habe.«

Samir war auf einmal ganz locker und antwortete: »Alles gut«.

Ab da konzentrierte ich mich voll auf das Spiel. Samir lief mir immer wieder mal weg. Er war unfassbar schnell geworden. Wenn wir mit der Verteidigung höher stehen würden, hätte ich keine Chance gegen ihn gehabt. Aber da er mit dem Ball jedes Mal kein Tempo aufnehmen konnte, konnte ich ihn immer wieder auf die Außenbahn drängen. In der 25. Minute jedoch war es dann so weit. Nach einer Phase des Dauerdrucks schaffte Schneider es einen punktgenauen Pass zwischen mich und Werner zu spielen. Ein Moment der Unentschlossenheit ließ es zu, dass wir beide schlecht aussahen. Krüger ließ den Ball einfach zwischen uns durchrollen. Samir löste sich und stand eins gegen eins mit dem Torwart. Jeder andere Spieler hätte den Ball locker in die Ecke geschoben. Samir hielt mit dem Vollspann in die lange Ecke. Der Ball landete im Winkel! Wir waren aufgewacht! Der Treffer ging voll auf meine Kappe. Werner bestand darauf, das Tor zu vergessen.

»Wir sahen beide schlecht aus. Hör auf dir die Schuld zu geben.«

Von hinten hörte ich nur noch, wie unser Torwart motzte. Er hatte recht. Ich entschuldigte mich auch bei ihm für das schlechte Stellungsspiel. Die Spieler des FK München freuten sich wie wild. Anscheinend interessierte sie es nicht, dass sie gegen einen Zweitligisten spielten. Sie nahmen die Sache ernst und ließen nichts anbrennen. Nach dem Tor war es wieder Einbahnstraßenfußball. Glock schrie mehrmals Anweisungen rein, die ich wegen des Lärms nicht ganz verstand. Ich drehte mich in seine Richtung und deutete auf meine Ohren.

»Ihr sollt nicht zu tief stehen, sagt er.« Es war Samir, der mir diese Anweisung weiterleitete.

Ich musste lächeln. Wie um alles in der Welt hatte er es verstehen können?

»Danke.«

Nach zwei vergebenen Chancen bekam der FK München nun seine dritte hochkarätige Chance. Dieses Mal war es ein Freistoß. Die Situation war halbrechts von unserem Tor gelegen. Samir trat an. Er konnte aus dieser Position sowohl flanken als auch auf das Tor schießen. Mir kam die Situation bekannt vor. Das hatte ich schon mal erlebt. Ich lief zum Torwart

»Pass auf, er wird einen Topspin über dich versuchen.«

Dieser nickte. Die Chancen standen 50:50. Sollte er flanken und der Torwart nicht herauslaufen, könnte es fatal enden. Spekulierte er auf die Flanke, könnte Samir mit einem Topspin direkt treffen. Samir nahm Anlauf. Der Torwart tat so, als würde er herauslaufen. Der Topspin kam direkt auf unser Tor zu. Krämer kam noch mit den Fingerspitzen dran. Trotz dessen landete der Ball im Netz. 2:0! Samir hatte seinen Topspin perfektioniert. Kein Wunder, dass halb Europa hinter ihm her war. Der FK München freute sich, als hätten sie gerade gegen Madrid das entscheidende Tor im Europapokal geschossen. Wir wussten nicht genau, wie es weitergehen sollte. Würde das Spiel weiterhin so laufen, würden wir mit einer haushohen Klatsche nach Hause fahren. Wir alle verzweifelten schon. Nur Werner nicht. Er ließ das alles nicht an sich herankommen.

»Leute, bleibt positiv und macht einfach weiter. Das hier

ist kein Sprint. Das ist ein Marathon. Wir werden hier noch unsere Chancen bekommen. Bis dahin werden wir aber nicht die Verteidigung auflösen. Bis zur Halbzeit will ich kein Tor mehr sehen. Erinnert euch dran. Glock hat es gesagt. Es wird nicht immer alles gut laufen. Aktuell ist es so. An Kleinigkeiten bauen wir uns jetzt auf! Die erste ist, dass wir bis zur Halbzeit kein Tor mehr kassieren!«

Ich bewunderte Werners Optimismus. Er war 35 Jahre alt und somit der Älteste in der Mannschaft und trotzdem war er motivierter als jeder andere. Ab dann kämpften wir mit Mann und Maus gegen jede Aktion des FK München an. Diese erste Hälfte ging weit über unsere Kräfte hinaus. Doch aus Erfahrung wusste ich, dass wir hier nur bestehen konnten, wenn wir geduldig blieben. Wir mussten darauf warten, dass Münchens Kräfte nachließen. Mit einem 0:2 Rückstand gingen wir in die Halbzeit. Ich hatte in jeder Hinsicht meine Aufgabe nicht erfüllt. Samir hatte 2 Tore geschossen und ich war derjenige, der ihn aufhalten sollte. Das klappte bislang nicht so gut. In der Kabine herrschte Stille. Glock hatte sich an die Wand gelehnt und wartete, bis Ruhe einkehrte. Alle schnauften. Es schien, als wären wir mit den Kräften am Ende.

»Wir spielen heute gegen den FK München. Ich weiß nicht, ob es alle mitbekommen haben.« Glock betrachtete mich dabei explizit. »Wir können nicht darauf warten, dass ein Münchener Spieler uns den Ball freiwillig gibt. Till, ich habe dich aufgestellt, damit du deinen Freund ausschaltest. Bislang Fehlanzeige.«

Ich war nicht der Einzige, der seinen Senf abbekam.

»Ich möchte, dass ihr in der zweiten Hälfte den Gegner härter angeht. Wie viele Fouls haben wir bislang gemacht?

Richtig, kein einziges! Stellt euch das mal vor. Wir haben keinen einzigen Spieler der Münchener gefoult. Den Preis für die fairste Mannschaft in einem DVF-Pokal-Finale können wir heute sicherlich mitnehmen, aber den Pokal nicht.«

Glock hatte recht. Wir waren die ganze Zeit damit beschäftigt, die Lücken zuzumachen und den Gegner zu blocken.

»Mir ist es egal, ob sie nun hinter die Abwehr kommen oder nicht. Werner und Till, ihr werdet jetzt die Mannschaft führen. Von Anfang an geht es zum Mann. Kein defensives Spiel mehr. Nicht mehr zurückziehen. Den Gegner werden wir jetzt vorne attackieren. Dafür müssen die Stürmer und das Mittelfeld mitarbeiten. Wir haben dieses Szenario im Training mehrmals durchgespielt.«

Glock war außer sich. So hatte ich ihn noch nie erlebt.

»Habt ihr mich verstanden?«

Die Mannschaft schrie im Chor: »Ja!«. Glock sah kurz wieder in meine Richtung. »Und jetzt geht ihr da raus und holt euch den verdammten Sieg!«

KAPITEL 19

Zum ersten Mal in meiner jungen Karriere spielte ich gegen eine Mannschaft, die haushoch überlegen war. Zwar kannte ich aus meiner Jugend solche Spiele, dieses war aber anders. Wir spielten um eine der größten Trophäen im deutschen Fußball. Der Sieger würde in die Geschichte eingehen. Auf dem Weg in die zweite Halbzeit traf ich Samir. Ich lief mit ihm den Gang entlang und erkundigte mich, warum er damals so schnell gegangen war und sich nie gemeldet hatte.

»Das würdest du nicht verstehen«, war seine Antwort.

Die Frage stellte ich mir damals oft. Warum hatte er sich nie gemeldet?

»Wenn du Profi werden willst, musst du auf einiges verzichten.«

Seine Antwort traf mich. Er hatte als Jugendlicher seine Familie verlassen müssen.

»Du musst es doch nun wissen, Till! Wann hattest du das

letzte Mal Kontakt zu Freunden? Hast du überhaupt noch welche? Und deine Familie? Wie oft hast du ihre Anrufe unterdrücken müssen, weil du keine Zeit hattest und andere Sachen, die wichtiger erschienen? Sind sie gerade beim Spiel? Weißt du, wo sie sitzen?«

Samir sprach die offensichtliche Wahrheit aus. Seitdem ich bei den Profis spielte, kümmerte ich mich nur noch um meine Karriere. In letzter Zeit hatte ich kaum noch Kontakt zu meinen Eltern oder Freunden. Ich hatte wirklich keine Ahnung, wo meine Familie saß. Das Einzige, was ich tat, war die Karten für sie zu hinterlegen. Die einzige Person, mit der ich Kontakt hatte, war Lea.

»Und jetzt überlege mal, Till. Du bist 20. Ich habe das alles schon mit 14 Jahren erlebt. Alles nur für den Traum des Fußballprofis. Irgendwann muss man Prioritäten setzen. Wenn du mit 14 Jahren damit anfängst, verläuft dein Leben ganz anders. Es war nicht alles so rosig, wie es aussah. Zudem ist mein Vater Fußball verrückt, wie du weißt. Ich wollte ihn auf keinen Fall enttäuschen. Also beschloss ich, nicht mehr zurückzukommen und mich voll und ganz auf die Karriere zu konzentrieren.«

Der Schiedsrichter kam auf das Spielfeld.

»Wenn du mich heute noch mal fragen würdest, ob ich alles wieder so machen würde, wäre meine Antwort ja. Aber heute wüsste ich, worauf ich verzichten müsste. Als du zusammen mit deiner Familie zu Abend gegessen hast, war ich im Internat und musste noch am Abend die Hausaufgaben erledigen, da wegen des Trainings mittags keine Zeit dafür blieb.«

Das Gespräch war nicht typisch für eine Halbzeitunterbrechung. Samir gab mir die Lektion meines Lebens in der

Halbzeit des DVF-Pokal-Finals. Letztlich wandte er sich erneut mit einer ganz bestimmten Frage an mich: »Wieso hast du dich nie gemeldet?«

Ich wusste nicht so recht, was ich antworten sollte. Samir war nicht nur fußballerisch überlegen, sondern hatte sich auch persönlich weiterentwickelt. Seine Worte waren gut durchdacht und er scheute sich davor, mir Vorwürfe zu machen.

»Wenn du in diesem Business bestehen willst, musst du hart kämpfen. Vorwürfe gegenüber anderen werden dich nicht weiterbringen. Ich habe gelernt, an mir zu arbeiten. Wie dem auch sei. Das Spiel fängt gleich an.«

Mir wurde nun klar, weshalb sich Samir nach außen hin so präsentierte. Er hatte gelernt, Profi zu sein. Er hatte sich ein dickes Fell zugelegt, so wie es Höcker in der Presse beschrieb. Er wollte nicht mehr verletzt werden.

Der Schiedsrichter pfiff die zweite Halbzeit an. Die ersten Minuten musste ich an Samirs Worte denken. Er hatte in allen Belangen recht. Ich war verantwortlich für mein Schicksal. Und ich war auch verantwortlich für das Gute und Schlechte in meinem Leben. Die erste Halbzeit des Spiels war sinnbildlich dafür. Vor ein paar Wochen war ich der Matchwinner im Halbfinale und jetzt stand ich davor, alles zu vermasseln. Aber es war noch zu früh, um aufzugeben.

Wir standen in der zweiten Halbzeit höher. Die Zweikämpfe versuchten wir in der gegnerischen Hälfte zu führen. Dies hatte zur Folge, dass der FK München Überzahlsituationen erarbeiten konnte. Schneider setzte immer wieder zu Pässen in Richtung Samir an. Als es dann so weit war, dass Samir freie Fahrt bekam und mich anlief, kam es zum

Showdown. Er war schnell und dribbelstark, also ließ ich ihn erst mal anlaufen. Ich wusste, dass er bis zum 16er-Tempo aufnehmen und dann zu einer Finte ansetzen würde. Genau das tat er auch. Mit vollem Risiko grätschte ich in den Ball. Samir fiel zu Boden. Ich hatte den Ball am Fuß und das Stadion jubelte.

»Sehr gut, Junge«, rief Werner.

Es gab immer wieder Situationen, in denen ich im Duell mit Samir stand. Die einzigen Male, die Samir durchkam, ließ ich ihn Richtung Spielfeldrand laufen. Bei einer Unterbrechung rief mich Glock zu sich.

»Genauso. Stück für Stück. Zieh deine Mitspieler mit.«

Ich war wie elektrisiert. In der 72. Minute war es dann so weit. Wir bekamen unsere erste Chance. Der FK München wurde nachlässiger und spielte die Aktionen nicht mehr sauber zu Ende. Als Perez vorne zu Fall gebracht wurde, bekamen wir einen Elfmeter. Doch keiner traute sich so richtig, den Ball zu nehmen. Werner lief entschlossen nach vorne und riss den Ball aus den Händen von Nielsen.

»Ich mache den rein!«

Mit all seiner Erfahrung ging zum Elfmeterpunkt. Nielsen war der eigentliche Schütze. Was Werner anwies, war Gesetz. Also lief er an und traf halbhoch in die Mitte. Er hatte den Torhüter ins Leere laufen lassen. Trotz des Anschlusstreffers ließ FK München nicht locker. Das Spiel wurde zu einem offenen Schlagabtausch. Die Fans waren bestens unterhalten. Samir und ich lieferten uns weiterhin harte Zweikämpfe. Jedes Mal, wenn einer von uns auf dem Boden lag, reichte ihm der andere die Hand. Die Zweikämpfe hatten etwas Magisches. Die Zuschauer feierten es. Werner nickte nur noch und grinste. Er hatte keine Anweisungen mehr für mich. Das Spiel nahm seinen Lauf. Ab hier würde nur noch der gewinnen, der für jeden Zentimeter kämpfen würde. Die Schlussphase war angebrochen. Der FK München ließ sich in die eigene Hälfte fallen. Es war sehr ungewöhnlich. Sie wurden von Minute zu Minute unsicherer. In der Nachspielzeit bekamen wir einen Eckball. Ich musste mit nach vorne. Als ich an Samir vorbeilief, rief er: »Mach ihn.«

Es folgte einer der schönsten Momente in meinem Leben. Ich bekam die Ecke am langen Pfosten direkt auf den Kopf serviert und legte ihn mit etwas Rückenlage in die Ecke. 92. Spielminute, 2:2. Ich rannte wie wild geworden in die Buntwald-Kurve und sprang zu den Fans. Diese rissen mich zu sich. Zu wissen, dass alle Fußball-Fans aus Deutschland gerade zusahen, während ich den Ausgleichstreffer machte, war unbezahlbar. Genau für diese Momente kämpften wir. Als ich mich von den Fans losriss, kam Glock angerannt. Nicht nur er, sondern die ganze Auswechselbank lag jetzt auf mir. Der Schiedsrichter lotste uns wieder auf das Spielfeld. Ein paar Minuten später war dann auch Schluss. Es ging in die Verlängerung.

KAPITEL 20

Für die Verlängerung brachte Glock zwei neue Spieler auf das Feld. Beide Spieler waren zudem gute Elfmeterschützen. Unsere Kräfte schwanden, aber wir hielten dagegen. Jetzt wurde der große Unterschied zwischen der zweiten und ersten Liga klar.Die FK München Spieler waren uns körperlich überlegen. Sie besaßen weitaus mehr Ausdauer als wir. In den letzten Minuten wurde es offensichtlich. In jedem Zweikampf waren sie schneller am Ball. Ihre Pässe und Zuspiele waren immer noch punktgenau. Unsere hingegen fanden kaum noch statt. Das Spiel drehte sich nun wieder komplett gegen uns. Der FK München wurde stärker und bekam wieder Kraft. Für uns gab es kaum noch Entlastung.

»Till, wir halten jetzt nur noch dagegen«, keuchte Werner.

»Okay, aber wir brauchen noch einen vor der Abwehr, sonst werden wir in Unterzahl spielen. Und ich kann nicht mehr!« Bei einer Unterbrechung ging Werner zu Glock und flüsterte ihm etwas in das Ohr. Glock nickte ihm zu.

»Costa, wird nun als Vorstopper vor uns spielen.«

»Vorstopper?« erwiderte ich.

Werner musste lachen.

»Früher gab es Vorstopper. Das sind defensive Mittelfeldspieler, die vor der Abwehr stehen und nicht nach vorne gehen. Wie dem auch sei, er spielt vor uns.«

Anscheinend kam dieser Begriff aus einer anderen Zeit. Aber die Idee dahinter gefiel mir. Mit Costa vor uns waren wir jetzt in der Überzahl in der Verteidigung. Er musste auch nicht mehr nach vorne gehen, da wir jede Hoffnung für eine Entlastung aufgegeben hatten. Wir schafften es, die erste Hälfte der Verlängerung zu überstehen. In der Halbzeit lagen alle Spieler auf dem Boden. Der Gang in die Kabine blieb uns verschont, da es nur 5 Minuten Pause gab. Physiotherapeuten massierten die Beine der Spieler. Andere Auswechselspieler dehnten ihre, von Krämpfen geplagten Mitspieler. Wir waren mit den Kräften nun endgültig am Ende. Die einzige Chance für uns bestand darin, nur noch fünfzehn Minuten auszuhalten. Glock wechselte einen weiteren Spieler ein. Im Gesicht des Ersatzmannes war die Anspannung zu sehen. Ich ging zu ihm, obwohl er älter war als ich und versuchte, ihn zu motivieren. Für mich gab es nur noch eine Option, den Sieg. Wenn wir schon im Finale des DVF-Pokals standen, sollten wir alles dafür geben, um ihn zu holen. Koste es, was es wolle. Zwar konnte ich auch noch kaum stehen, aber andere, die mehr laufen mussten, traf es schlimmer. Der Schiedsrichter pfiff zur zweiten Halbzeit der Verlängerung an. Als es losging, hatte ich eine Erinnerung an ein vergangenes Spiel in meiner Jugend. Das Spiel gegen die Adler kam mir in den Sinn. Samir hatte damals in der letzten Minute, das entscheidende Tor gemacht und wurde danach zum Star. Er hatte es verdient. Er hatte in dem Spiel alles gegeben und uns zum Sieg geführt. Immer wieder kam ich in den Zweikampf mit Samir. Im Laufe des Spiels hatten wir uns bekriegt und bekämpft auf eine faire Weise. Wir hatten über die Vergangenheit geredet und uns versöhnt. So langsam schwanden aber auch bei ihm die Kräfte. Wir standen uns voller Respekt und Wohlwollen gegenüber. Die Situation ähnelte einem Kampf zwischen zwei Boxern, die nur noch das ertönen der Glocke hören wollten. Es schien, als wollte auch der FK München das Elfmeterschießen. Das Spiel wurde zerfahrener und es kamen kaum noch Aktionen zustande. Immer wieder lagen Spieler wegen Verletzungen oder Krämpfen auf dem Boden. Als es dann jedoch fast zu Ende war, gab es eine letzte Chance für uns. Ein Freistoß aus dem Halbfeld. Perez sollte flanken. »Letzte Aktion«, erklärte Werner.

Für mich war es klar. Ich musste mit nach vorne. Ich wollte nicht ins Elfmeterschießen.

Werner rief: »Ich komme mit.«

Es kam mir alles in Zeitlupe vor. In mir gab es keine Zweifel mehr. Hier war der Ort, an dem ich sein wollte und nirgendwo anders. Für diesen Moment hatte ich jahrelang trainiert. Es gab nichts mehr, was ich falsch machen konnte. Perez lief zum Freistoß an. Neben mir gab es noch zwei weitere Mitspieler im Strafraum. Dieses Mal wurde ich von zwei Gegnern gedeckt. Anscheinend nahmen die Münchener Spieler mich ernst. Perez führte den Freistoß von der rechten Seite aus. Der Ball flog über mich. Von hinten kam Werner angerast, der kaum gedeckt wurde, und setzte zum

Flugkopfball an. Er lag förmlich in der Luft. Er köpfte den Ball mit voller Wucht an den Pfosten. Der Abpraller landete vor meinen Füßen. Als ich den Ball trat, löste der Schuss einen Krampf in meinem linken Bein aus. Sowie ich schoss, sackte ich auf den Boden. Beim Fallen hörte ich nur noch das Jubeln der Fans. In Sekunden lag über mir die gesamte Mannschaft. Direkt neben mir sah ich das Gesicht des Zeugwarts. Anscheinend hatten es nun alle auf das Spielfeld geschafft. Als ich nach Luft rang, erblickte ich Glock im Augenwinkel. Er erahnte wohl, dass ich nichts mehr mitbekam.

»Es ist vorbei, Junge. Wir haben gewonnen.«

Alle jubelten und feierten. Ohrenbetäubender Lärm ertönte. Als es etwas ruhiger wurde, löste ich mich aus dem Getümmel. Ich sah Samir und die FK München Spieler auf dem Boden sitzen. Nach einigen Sekunden stand Samir auf und lief mir entgegen.

»Sehr gut, Bro. Ihr habt es verdient.«

»Um ehrlich zu sein, wart ihr die ganze Zeit besser.«

»Zum Sieg gehört mehr als nur besser sein.«

»Samir, ich wollte mich noch mal bei dir entschuldigen. Jahrelang dachten wir, dass du keine Lust mehr hattest, uns zu sehen.«

»Alles gut, das musst du nicht. Du hattest recht, ich hätte mich melden müssen.«

»In den Medien wurdest du auch ziemlich hin- und hergerissen. Es muss nicht einfach gewesen sein.«

»Ich komm damit klar. So ist das Geschäft eben. «

Mir war eigentlich immer klar gewesen, dass Samir nicht der Typ war, wie über ihn berichtet wurde. Er war schon immer bodenständig gewesen. Auch heute hatte er es mehrmals bewiesen.

»Also, Till, der Coach hat nach der Nummer deines Beraters gefragt. Er will, dass du im Sommer zu uns wechselst.«

Ich wurde ganz verlegen.

»Emmhh, Samir, ich habe leider keinen Berater. Also noch nicht.« Samir musste lächeln.

»Kein Thema. Meiner ist der beste und ich glaube, dass er an einem weiteren talentierten Spieler interessiert wäre. Ach, Gonzalez ist auch bei ihm.« Er zwinkerte mir zu, als würde er mich in einem geheimen Kreis der Profifußballer willkommen heißen.

»Das wäre super. Aber ich würde gerne erst einmal alles sacken lassen.«

»Alles cool. Wie wäre es, wenn du mit zum Europapokal der Champions Finale fährst? Ich reserviere dir paar Tickets. Wir könnten ja auch Jana und Yassine fragen.«

Ich glaubte es kaum. Trotz Niederlage war Samir total ausgeglichen.

»Das wäre super.«

»Also, Till, wir hören uns später. Ach so, wäre auch ganz cool, wenn du mal deine Mails checken würdest.«

Wir umarmten uns und tauschten die Trikots.

KAPITEL 21

»Und wir begrüßen bei uns im SDF Fußballstudio Till Müller.«

Eine Regiemitarbeiterin winkte mir zu, dass ich die Bühne betreten durfte. Ich lief los. Das Publikum freute sich und klatschte, während etliche Scheinwerfer auf mich gerichtet waren. In der Hand trug ich den DVF-Pokal. Vor mir nahm schon die deutsche Abwehrlegende Fischer im Studio Platz. Ich schüttelte der Moderatorin, Heinemann, und ihm die Hand.

»Till Müller, der Shootingstar oder in den internationalen Medien als ›Wonderkid‹, zu Deutsch Wunderkind gefeiert, wie fühlt man sich nach so einem Start in die Profikarriere?«

»Es ging alles recht schnell. Ich hatte die letzten Wochen kaum Zeit gehabt, nachzudenken. War nur noch damit beschäftigt, Fußball zu spielen. Am Ende des Tages bin ich natürlich zufrieden und glücklich, mit dem FC Buntwald den DVF-Pokal gewonnen zu haben. Vor einem halben Jahr hätte ich noch davon träumen können, in der 2. Liga zu spielen. Heute sitze ich hier mit dem DVF-Pokal. Ist ein schönes Gefühl.«

»Sie spielen schon seit Ihrem fünften Lebensjahr im Fußball. Und wir haben hier einige Ausschnitte aus ihren Jugendjahren zusammengestellt. Für die Zuschauer vor dem Fernsehen und im Studio sind es wahrscheinlich Bilder, die sie zum ersten Mal sehen.« Die Regie spielte ein paar Bilder von mir aus der Jugendzeit ein. Zu meiner Überraschung waren auch Bilder dabei, von denen ich nicht einmal wusste, dass sie existieren. »Eine schöne Kindheit hatten Sie wohl. Der Junge neben Ihnen, sie wissen, wer er ist, aber gibt es hier im Studio jemanden, der ihn erkennen kann.« Das Studio wurde kurz still und aus der letzten Reihe rief jemand: »Osvaldo« Doch keiner konnte es erraten. Schlussendlich kam die Auflösung. »Es ist Samir Malik!« Das Publikum war erstaunt.

»Sie haben vor einer Woche gegeneinander gespielt. Wie war es für Sie im bisher wichtigsten Spiel Ihrer Karriere, Ihren besten Freund aus der Kindheit zu decken.«

»Samir und ich sind zusammen aufgewachsen und haben in der Jugend im selben Verein gespielt. Ich hätte niemals gedacht, ihn auf diesem Wege wiederzusehen. Vor dem Spiel und auch während des Spiels haben wir uns immer wieder miteinander unterhalten. Aber wie man vielleicht gesehen hat, gab es im Spiel kaum einen Zentimeter, den wir uns geschenkt haben. Wir waren beide voll dabei. Samir spielt schon seit ein paar Jahren auf dem Niveau und obwohl wir als Außenseiter als Gewinner vom Platz gegangen sind, gehört Samir meines Erachtens zu den besten Talenten auf der Welt. Nach dem Spiel gab es einen Trikottausch und diese

Woche werde ich ihm beim Finale des Europapokals von der Tribüne aus anfeuern.« Vor dem Interview ins Sportstudio hielt ich ein kleines Meeting mit meinem neuen Berater Giuliano Conte ab. Er hielt mir einen Vortrag darüber, wie ich auf die Fragen antworten sollte. Zwar fand ich es am Anfang etwas befremdlich, doch während des Interviews war ich ihm sehr dankbar, dass er es mit mir trainiert hatte. Die Moderatorin Heinemann unterhielt sich jetzt nur noch mit mir.

»Sie sind ja während der Saison nachnominiert worden aus der Regionalliga-Mannschaft und aktuell endet ihr Vertrag am Ende der Saison. Wie geht es weiter für sie? Es wird schon gemunkelt, dass der FK München sie in seinen Reihen haben möchte. Ist da was dran?«

Um ehrlich zu sein, wusste ich zu dem Zeitpunkt wirklich nicht, wie es für mich weitergehen würde. Conte antwortete nur: »Till, du bist der nächste große Transfer im Sommer.« Ich wusste nicht, was er damit andeuten wollte.

»Vertrau mir!«, murmelte er nur.

Den Gedanken bei FK München zu spielen, fand ich sehr gut, doch der FC Grünwald hatte mir sehr viel gegeben. Glock hatte mich innerhalb weniger Wochen zu dem gemacht, der ich heute bin. Ich wollte auch unbedingt mit Werner weiterspielen, von dem ich weiterhin sehr viel lernen konnte.

»Zu diesem Zeitpunkt, kann ich leider nicht sagen, wie es weitergeht. Die Vertragsverhandlungen mit dem FC Buntwald laufen, aber es gibt auch weitere Interessenten. Noch habe ich mich nicht festgelegt. Darum kümmert sich mein Berater. Ich konzentriere mich weiterhin auf den Fußball. Beim FC Buntwald fühle ich mich wohl. Wir haben den Pokal geholt und sind in die 1. Liga aufgestiegen. Wie es in der nächsten Saison weitergeht, kann ich Ihnen leider nicht sagen?«

Nach dem Pokalfinale schafften wir es zudem noch, das letzte Spiel in der zweiten Liga für uns zu entscheiden. In der Relegation besiegten wir den SC Bremen in beiden Spielen. So schafften wir den Aufstieg in die 1. Liga.

»Auch aus den Kreisen der Nationalmannschaft ist zu hören, dass Ihre Nominierung zum Qualifikationsspiel gegen Litauen im Raum steht. Ist da was dran?« Ich hatte bislang nur von den Medien die angebliche Nominierung zur Nationalmannschaft gehört. Daran zu denken, war für mich viel zu früh. Es ging alles viel zu schnell und ich hatte Respekt davor. In der Vergangenheit hatte ich einige Talente gesehen, die es schnell nach oben schafften, aber wieder ganz schnell vergessen waren. Ich wollte alles langsamer angehen.

»Wie ich eben schon sagte, die letzten Wochen waren sehr rasant. Die Nationalmannschaft ist der Traum jedes Kindes. Mir reicht es schon aus, wenn ich mit ihr nur in Verbindung gebracht werde. Natürlich möchte ich irgendwann für die deutsche Nationalmannschaft spielen, doch den Zeitpunkt wird einzig und allein der Trainer der Nationalmannschaft, Schmitt, entscheiden. Wenn er mich ruft, werde ich da sein. Aktuell bleibt es aber ein Traum.« Die letzte Frage im Interview war eine, die ich Jahre später noch mit mir trug. Armando war eine Legende. Er spielte schon zu den Jugendzeiten meines Vaters. Aus irgendeinem Grund hatte er etwas gegen meinen Fußball.

»Nach dem Spiel gab es einige positive Tweets und wiederum auch noch ein paar, die nicht so schön waren.

Die argentinische Fußballlegende Armando hatte getwittert: »Unfassbar, ein 19-jähriger Antikicker entscheidet den DVF-Pokal. Bei der WM in Japan wünsche ich mir definitiv Deutschland als Gegner.« »Sehen sie das als Angriff gegenüber ihrer Person?«

Die Frage ließ mich kalt. Armando hatte es also als argentinischer Nationaltrainer nötig, meinen Fußball zu kritisieren. Für mich war es eine Ehre, dass Armando mich überhaupt kannte. Zu diesem Zeitpunkt war ich positiv überrascht und auch etwas wütend auf seine Aussagen. Als Fußballer möchte man jedes Spiel gewinnen, Erfolge feiern. Neben dem gibt es auch etwas, was nicht in Form von einer Statistik gemessen werden kann: Respekt! Armandos Worte waren für mich wie eine Motivation. Ich hatte neue Ziele. In zwei Jahren war also die WM in Japan und ich wusste, wer dort auf mich wartete.

Printed in Germany
by Amazon Distribution
GmbH, Leipzig

26443214R00082